고령사회의 노인주거복지과제

-노인공동생활주택으로 해결하자-

고령사회의 노인주거복지과제

-노인공동생활주택으로 해결하자-

유 병 선 저

 한국학술정보[주]

책머리에

주거공간은 사람이 살아가는 정주의 공간이며, 인류의 존재와 그 생명을 함께 한다. 주거는 사람들 사이에서 뿌리내려지는 사회적 산물인 동시에 개개인의 취향과 선호가 반영되기 때문에 고령사회의 노인주거복지를 이루기 위한 과제는 쉽게 말할 수 없다고 생각한다. 사실 필자가 노인주택에 관심을 갖기 시작한 것은 경희대학교 주거환경전공 대학원에서 BK21사업에 참여하면서부터이다. 당시 박사학위논문을 준비하고 있던 시점에서 나는 연구원으로 참여하기 시작하였다. 답사도 하고 논문도 읽으면서 노인주택이라는 주제에 매우 흥미를 느꼈으며, 최선을 다해 박사학위논문을 마쳤다.

이 책은 필자가 2005년 제출했던 박사학위논문을 수정한 것이다. 논문을 내고서 거의 1여 년의 시간이 흘리고 나서 막상 원고를 출판사에 넘기려고 하니 논문 그대로 출판하는 것이 내키지 않아 수정을 가했다. 원고를 수정하여 고령사회에 노인주거복지를 실현시키기 위한 과제를 중점적으로 검토하였다. 필자가 연구하면서 느껴왔던 많은 과제들 중에 본 연구의 분석 틀인 사회구성주의 개념 틀에 근거한 핵심 내용을 중심으로 기술하였다.

본 저서에서 강조한 고령사회의 주택과제는 크게 다섯 가지이다. 그 첫째는 노인주택 개념 정립은 보편주의(universalism), 정상화(normalization) 원칙에서 접근되어야 함을 강조하였다. 두 번째는 노인주택이 사회적으로 구축되기 위한 제도적 틀로서 법률의 준비가 무엇보다 선행되어야 할 과제임을 강조하였다. 셋째, 노인주거복지 실현을 위해 관련 조직의 연계 및 지역사회 속에 노인공동생활주택이 공급되어야 함을 강조하였다. 넷째, 노인공동생활주택에 필요한 물리적 디자인과 서비스는 무엇이며, 이에 필요한 과제를 제안하였다. 마지막으로 노인주거복지를 실현하기 위해 관리인과 가족은 어떠한 역할을 해야 하는지를 언급하였다.

이 책은 개인적으로 매우 값진 결실이다. 가장 먼저 어린 시절부터 지금까지 배움의 길을 이끌어 주셨던 지도교수님이신 홍형옥 교수님께는 어떠한 말씀으로도 저의 감사의 마음을 전할 수 없을 것 같습니다. 진심으로 감사드립니다. 논문을 진행하는 동안 열정적으로 지도해 주신 이경희 교수님, 신광영 교수님, 오혜경 교수님, 진미윤 교수님께도 머리숙여 감사드립니다. 박사과정동안 사랑으로 지켜봐 주신 주서령 교수님께서 하루 빨리 건강해 지셨으면 하는 바램입니다. 또한, 같이 BK프로젝트를 하면서 동고동락을 같이 했던 많은 선배연구님과 동기, 후배님들의 보이지 않은 도움이 있었습니다. 박사학위논문을 준비하면서 조언을 주신 관련 전문가들에게도 새삼 감사의 말씀을 드립니다. 논문을 출판 의뢰해 주신 한국학술정보(주)의 관계자 여러분께도 감사의 인사를 드립니다. 마지막으로 항상 부족한 막내딸을 믿어주시고 응원해 주시고 한없는 사랑만을 베풀어 주시는 부모님께 이 책을 바칩니다.

사실 노인의 주거문제는 노인 거주자의 편안하고 안전한 공간을 창출하기 위한 연구가 되어야 하나 행정적인 제약, 정치적인 이유 등 다른 이유로 인해 등한시 되고 있는 현실이 매우 안타깝다. 노인의 주거복지를 바라보는 우리 모두의 시각이 주택의 본래 의미를 되새기면서 다시 새롭게 출발하기를 기대하는 마음이다.

2006년 10월
저자

목 차

제1장 서 론

제1장 서 론

❶

　노인에게 있어서 안전하고 안락한 주택을 갖고자 하는 욕구는 소득을 유지하고 적절한 의료적 보호를 받고자 하는 욕구와 더불어 가장 기본적인 욕구이다(Kahn & Kamerman, 1976). 노인들은 그들 시간의 75% 이상을 주호 내에서 보내기 때문에(Moos & Lawton, 1982) 이들에게 주거욕구는 생활 주기상 어떠한 시기보다 강하다.

　우리나라는 복지선진국인 프랑스의 115년, 미국 71년, 이태리 61년, 독일 40년, 고령화 속도가 빠르다고 하는 일본의 24년보다도 고령화 사회(aging society)에서 고령사회(aged society)로 도달하는 기간이 19년 밖에 걸리지 않을 것으로 예측된다. 고령사회가 되는 2019년에는 각종 노인문제가 폭발적으로 증가될 것으로 전망되며, 잘 계획된 노인주택은 노인들이 독립적으로 건강하게 사는 기간을 연장해 준다는 점에서 고령사회의 노인 문제를 해결할 수 있는 주요 부분이다.

〈표 I-1〉 고령화 속도의 국제 비교

노령인구비율	도달연도			증가소요연수	
	7%	14%	20%	7% → 14%	14% → 20%
일 본	1970	1994	2006	24	12
프랑스	1864	1979	2020	115	41
독 일	1932	1972	2012	40	40
이태리	1927	1988	2007	61	19
미 국	1942	2013	2028	71	15
한 국	2000	2019	2026	19	7

자료: 통계청(2001). 장래인구추계

통계에 의하면, 우리나라는 생산연령 인구에 대한 노인인구 비율을 나타내는 노인부양지수가 1970년 5.7%에 불과하였으나, 2002년에는 11.1%로 두 배 가까이 증가하였다. 3세대 가구의 비율도 1995년 38.4%에서 2000년에는 29.9%로 감소하는 추세에 있는 반면에 노인단독가구는 1995년 36.6%에서 2000년 44.9%로 계속 증가하고 있다(통계청, 2002). 또한, 자녀세대의 개인주의, 기혼여성의 취업률 증가, 노인들의 자녀와의 별거 성향 등 일련의 변화들은 노인주거 문제를 증폭시키고 있으며, 개인의 문제를 넘어 사회문제화 되는 경향이 있다.

〈표 I-2〉 연령계층별 인구 및 구성비 추이

(단위: 천명, %)

	1980	1995	2000	2004	2005	2010	2018	2026
총인구	38,124	45,093	47,008	48,082	48,294	49,220	49,934	49,771
65세 이상	1,456	2,657	3,395	4,182	4,383	5,354	7,162	10,357
구성비	100.0	100.0	100.0	100.0	100.0	100.0	100.0	100.0
65세 이상	3.8	5.9	7.2	8.7	9.1	10.9	14.3	20.8

자료: 통계청, 「장래인구특별추계」 2005

현재 우리나라의 노인주택이라고 볼 수 있는 것은 시설과 주택의 개념이 혼동된 상태에서 정부에서 지원하고 있는 저소득층을 위한 무료양로시설과 민간에서 상류층을 위해 영리를 목적으로 공급하는 실버타운으로 양분되는 경향이 있다. 이러한 유형의 주거시설은 그 양적인 측면과 질적인 면에서 모두 문제점을 내포하고 있다.

양적인 면에서는 그 공급자체가 매우 적기 때문에 노인전용주거시설로 이사하고자 하는 노인들이 선택이 자유롭지 않다는 점이다. 뿐만 아니라 질적인 측면에서는 그 시설이 매우 열악하여 공급된 시설들의 입주율이 매우 저조할 뿐만 아니라 수익성과 경제성을 위해 100가구 이상의 대규모로 공급되기 때문에

거주자의 자율성이 떨어지게 되어 시설적인 운영을 벗어나기 어렵다고 볼 수
있다(홍형옥, 1999). 정주공간으로 노인주택을 논의하기보다는 복지적 측면에
서 저소득층을 위한 양로시설공급이나 고소득층을 위한 실버산업 측면에서 그
활성화 측면만이 수행되어 왔을 뿐이다.

〈표 Ⅰ-3〉 노인주거복지시설의 운영현황(기준년도: 2005)

(단위: 개소, 명)

		시설수	정 원	입주자수	입주율(%)	종사자수
양로 시설	무료시설	78	4,972	3,835	77.13%	888
	실비시설	12	363	230	63.36%	67
	유료시설	41	2,853	1,959	68.66%	560
	소 계	131	3,188	5,024	69.72%	1,515
노인 복지주택	실비주택	0	−	0	0	0
	유료주택	8	1,232	1,043	84.66%	180
	소 계	8	1,232	1,403	84.66%	180
총 계		139	9,420	7,067	73.45%	1.695

자료: 보건복지부(2005). 2005년도 노인복지시설현황의 내용을 재구성.

❸

　노인의 공간 환경은 노인을 바라보는 시각에 따라 전혀 다르게 전개되어왔
다. 과거 연령차별주의(ageism)적 시각은 노인의 신체적·정신적 능력보다
연령을 근거로 노인에게 은퇴를 강요하고 의존적인 신분을 부여하였으며, 특별
한 욕구를 가진 집단으로서 특수하게 계획된 시설에서 생활하도록 함으로써 노
인들을 사회로부터 고립되도록 하였다(Victor, 1987).
　하지만 반연령차별주의(anti-ageism) 시각에서는 노인을 정상화(norma-
lization)[1]하여 가능한 한 자립적으로 주거생활을 영위할 수 있는 적극적인
선택권을 가진 시민으로(홍형옥, 2003) 전제하고 주거문제해결 방향을 전개해

오고 있다. 서구 유럽의 경우 탈시설화(deinstitutionalization)의 대안으로 유럽의 보호주택은 가장 인간적이고 노인들이 독립적으로 생활할 수 있도록 돕는 성공적인 주거유형으로 평가되어 왔다(Heumann & Boldy, 1982).

❹

곧 다가올 고령사회에 대비하여 노인주거문제 해결을 위한 방향모색을 더 이상 미룰 수 없는 우리의 현실에서 노인주택개발의 방향이 설정되어야 하며, 현재와 같은 시설적인 운영 중심으로 개발을 한다면 이미 노인복지 선진국에서 방향 선회를 하고 있는 시설보호의 문제점을 안고가게 될 수밖에 없을 것이다.

노인들은 집과 같은 환경에서 거주하면서 서비스를 제공받을 수 있는 주택을 원하며, 이에 대한 대안으로 디자인과 서비스를 갖춘 노인공동생활주택의 개발이 필요함(홍형옥, 1999)은 여러 연구에서 지적되어 왔다. 노인공동생활주택은 노인들의 취약한 건강상태와 심리상태를 보호하는 기능을 반영하여 설계되고, 노인이 독립적으로 살도록 지원하기 위해 생활에 필요한 관리서비스시스템을 갖추고 있어서 자율성을 확보하면서도 외롭지 않고 편리하고 안전하게

---

1) 정상화 (노멀라이제이션; normalization): 사회복지사업의 대상자를 특수하게 보고 격리하여 처우하는 것보다 일반 사회에서 정상적으로 생활하도록 하는 것이 바람직하다는 사고방식에 바탕을 두고 있다. 노멀라이제이션의 개념을 최초로 사용한 사람은 덴마크의 정신장애인협회회장인 뱅크 밋켈센이며, 1950년대 말에 스웨덴의 정신장애인협회 사무국장 벤트 니르제 등에 의하여 체계화되어 1967년에는 스웨덴에서 장애인복지정책에 도입되었다. 그 후 선진국에서도 널리 쓰이게 되었고, 특히 1970년대 무렵부터 주목을 끌게 되었는데, 최근에는 매스컴을 비롯하여 복지관계자 · 정치가 등 사이에서 많이 쓰이고 있다. 그 뜻은 고령자와 젊은이, 장애인과 그렇지 않은 사람이 함께 살아갈 수 있는 사회야말로 정상적인 사회이며, 고령자나 장애인의 시설을 만들고 그들을 먼 곳에 격리 또는 분단시키는 사회는 비정상적이라는 것이다. 이는 장애인이나 노인이 각종 의사결정에 참가하게 하는 것은 물론, 장애인용 공공시설의 설치 등을 포함하는 하나의 복지이념이다. 오늘날에는 이와 같은 이념이 확대되어 지역사회 보호 서비스의 중시, 지역복지의 확충, 의료 및 교육과 복지의 통합화 등 여러 동향으로 나타나고 있다

노후생활을 할 수 있는 주거대안이다.

정부에서도 2003-2012년 국토종합계획-주거복지부문에서 고령화 사회에 대응하여 주택관리인이 상주하고 노인가구가 자립적으로 생활할 수 있는 노인공동생활주택의 공급개념을 설정하그 있어(국토연구원, 2004) 본 연구에서 탐색하는 것과 같은 개념의 노인주택 개발의 의지를 보이고 있다. 또한, 노인공동생활주택이 주류 주택시장에서 개발 효용을 가지고 있는 것으로 분석되고 있다(홍형옥, 2001a, 홍형옥·지은영, 2002; Hong & You, 2003b).

노인공동생활주택은 선진국에서 성공적인 것으로 평가되고 있고 지역사회보호정책에 따라 1990년대 들어 수정이 가해지고는 있으나 공급이 줄었을 뿐 관리가 잘 되고 있으며 현재에도 디에 관한 논의와 관련 정책이 계속되고 있다. 노인주거의 하나의 대안으로서 노인공동생활주택이 우리나라에 보급되기 위해서는 외국과는 다른 한국적 모델이 구축되어야 할 것이다. 이에 여기에서는 고령사회에 대비하여 정비되어야 하는 수많은 과제들 중에 노인공동생활주택을 개발하기 위한 정책적 과제가 무엇인지를 이야기 한다.

이하에서는 주로 외국의 노인공동생활주택의 선례를 살펴보고, 우리나라의 예비노인을 대상으로 한 설문조사결과와 노인주택관련 전문가들의 의견을 검토하여 고령사회의 노인공동생활주택이 개발되기 위한 정책과제를 제시하며, 이러한 과정은 사회구성주의 이론 틀로 접근된다. 여기에서 채택한 사회구성주의 이론 틀은 사회학에서 시작된 사회구성주의 접근이론을 주거관리 분야에 접목한 프랭클린(Frankin, 1998)이 제안한 방식이다. 프랭클린에 의한 사회구성주의 접근방법(social construction approach)은 노인주택 개발 및 운영관리에 관련된 거시적 차원과 미시적 차원을 동시에 고려할 수 있기 때문에 이론적 배경 연구와 조사연구 결과를 토대로 노인공동생활주택 개발과제를 구성하는 이론 틀로 사용한다. 구체적인 이론 틀은 다음 장에 언급된다.

＊용어의 정의

1) 노 인
노인(the aged)이란 인간의 노령화 과정에서 나타나는 생리적·육체적·정서적·환경적 및 행동의 변화가 있는 사람(국제노년학회, 1951; 박영옥, 2001 재인용)으로, 연령상으로 60세 이상을 노인으로 규정하고 있다(UNESCAP, 1992). 따라서 본 연구의 조사대상은 예비노인으로 분류될 수 있다.

2) 노 후
노후(later life)란 은퇴 후 새로운 삶을 영위하는 제3연령기(the Third Age)의 적극적인 삶을 선택하는 60대 이상의 시민(senior citizen)을 의미한다(홍형옥, 2003).

3) 노인주택
노인주택(senior housing)이란 노인의 신체특성을 고려하여 설계되고, 서비스가 제공되는 노인이 거주하는 주택이다. 노인 거주자의 독립성과 선택권이 보장되어 노인시설과는 다르다.

4) 노인복지주택
노인복지주택이란 노인복지법에 규정된 노인주거복지시설의 하나이다. 법률적 정의는 노인에게 분양 또는 임대 등을 통하여 주거의 편의·생활지도·상담 및 안전관리 등 일상생활에 필요한 편의를 제공하는 시설이다. 비용지불방식에서 실비와 유료로 구분되며, 입소조건은 단독취사 등이 가능한 독립생활가능자로 실비는 65세 이상, 유료는 60세 이상이다. 양로시설과 차이가 있는 건축기준으로 개인 거실과 취사설비를 갖추도록 하고 있으나, 실제 공급현황은 단지마다 다르기 때문에 주택이라는 용어만 사용하고 있을 뿐 운영상 시설적인 성격이 있다. 건축물 용도도 주택이 아닌 복지시설이다.

5) 노인공동생활주택
노인공동생활주택(senior congregate housing)이란 노인의 자립적인 생활을 지원할 수 있도록 설계되고 서비스가 제공되는 주택이다. 구체적인 특징은 첫째, 20-30가구 정도의 소규모로 계획되며 개별 거주공간은 부엌과 욕실이 있는 완결형 주택으로 건축된다. 둘째, 공동거실, 공동부엌 등의 공용공간을 활용하고 관리인의 도움으로 안전하고 외롭지 않게 생활할 수 있다. 셋째, 응급시 대처시스템 및 생활을 지원할 수 있는 관리서비스가 단지 내 또는 단지 밖에서 전달될 수 있는 시스템을 갖춘다. 법률상으로 시설이 아닌 주택이다.

제2장 개념 틀과 연구방법

제2장 개념 틀과 연구방법

    고령사회의 주택문제를 해결하기 위한 과제를 여기에서는 거시적 차원과 미시적 차원을 동시에 고려하는 사회구성주의 이론 틀로 외국과 한국의 노인공동생활주택 실태를 분석하고 우리나라에서 노인공동생활주택이 노인의 정주공간으로 구축되기 위한 과제가 무엇인지를 논의한다.

1. 분석의 개념 틀

    분석의 개념 틀로서 주거관리의 맥락과 담론을 설명하고 있는 프랭클린의 사회구성주의적 접근방법을 적용한다. 이 접근방법은 Berger & Luckman (1966)에 의해 사회학에서 시작된 사회구성주의(social-constructionism)[2]에서부터 출발한다(Franklin, 1998). 프랭클린(1998)은 구조적 과정에 의해 창조되어지는 사회를 종합적으로 볼 수 있는 동시에 역동적·투쟁적 방식으

---

2) 사회구성주의 이론을 주장하고 있는 기든스(Giddens)는 사회과학 전반을 특징짓고 있는 행위／구조, 미시／거시, 질적／양적 접근방법의 이론적 이원론을 극복하여 사회 구조가 행위에 영향을 미치는 역할을 결정론적으로 과도하게 강조하는 이론(예를 들어, 기능주의(functionalism))이나 사회구조에 의해 비교적 방해받지 않은 채 자유롭게 의사결정을 내리는 개인을 수정하는 이론(예를 들어, 상징적 상호작용 이론 (symbolic inter-actionism) 모두를 비판하면서 사회학이론이 보다 결실 있게 하기 위해서는 행위, 구조, 사회적 성찰성의 문제에 새로운 방식으로 관여해야 한다고 주장하였다. 즉, 사회구조는 사람들의 활동의 조건이자 결과이기 때문에 어느 하나도 다른 하나가 없이는 존재할 수 없다고 본 것이다(안소니 기든스 저, 황명주 외 역, 1998).

로 사회에 참여하는 개인의 능력과 경험성을 중요시하는 사회구성주의 이론 틀
로 주거관리의 맥락을 이해하였으며, 이 접근방법은 5가지의 맥락(구조적 맥
락, 제도적 맥락, 조직적 맥락, 작업적 맥락, 상호주관적 맥락)으로 구성된다.

〈표 Ⅱ-1〉 프랭클린(Franklin)의 사회구성주의 관점

맥 락	내 용
구조적 맥락 (the Structural Context)	구조적 맥락은 주거에 영향을 미치는 문화적, 사회적 가치, 믿음, 시스템 등의 사회구조적인 수준을 의미한다. 구조적 맥락에서는 끊임없이 변화하는 의식구조를 이해해야 한다.
제도적 맥락 (the Institutio-nal Context)	이데올로기는 기관의 활동을 통해 나타나게 된다. 즉, 주거와 관 련이 있는 정책과 법령을 만들고 해석하고 수행할 책임이 있는 기관의 활동 방향에 따라 제도적 수준이 결정된다.
조직적 맥락 (the Organiza-tional Context)	조직적 맥락은 노인주거와 관련된 조직의 역할이 어떠했으며, 그 영향력이 어떻게 이어져 내려오고 있는지에 관한 것이다. 노인주 택에 관련된 조직과 노인주택을 담당하는 직원들에 관한 규정도 접근되어야 한다.
작업적 맥락 (the Operatio-nal Context)	작업적 맥락에서 고려되는 점은 관리서비스의 내용과 작업적 맥 락에 영향을 미치는 노인공동생활주택의 특징과 물리적 특성이 고려된다.
상호주관적 맥락 (the Intersubje-ctive Context)	상호주관적 맥락에서는 노인주택의 관리서비스가 전달되는 방식 과 이를 받아들이는 방식이 다루어진다. 구체적으로 관리인의 자 질, 자녀와의 연계방안이 검토된다.

고령사회의 주택과제를 탐색하기 위해서는 제반 맥락을 검토할 수 있는 사
회구성주의 이론 틀에 따라 접근하는 것이 바람직하다. 그 이유는 거시적 차원
에서 사람들의 노인공동생활주택에 대한 인식을 구조적 맥락에서 검토하고, 노
인공동생활주택이 정착되기 위한 법과 제도는 어떻게 정비되어야 하는지 제도
적 맥락에서 검토할 수 있으며, 노인공동생활주택의 관리조직은 누가 주체가
되며, 어떠한 관리체계로 연결되어야 하는 가를 모색할 수 있기 때문이다. 또
한, 미시적 차원에서 노인공동생활주택의 중요 특징은 무엇인지와 이곳에 거주
할 가능성이 있는 잠재적 수요자는 어떠한 서비스를 요구하고 있는지 작업적

맥락에서 검토할 수 있다. 마지막으로 상호주관적 맥락에서는 노인공동생활주택에서의 관리서비스는 어떠한 방소으로 전달될 수 있는지 파악할 수 있다(유병선 외 2인, 2004).

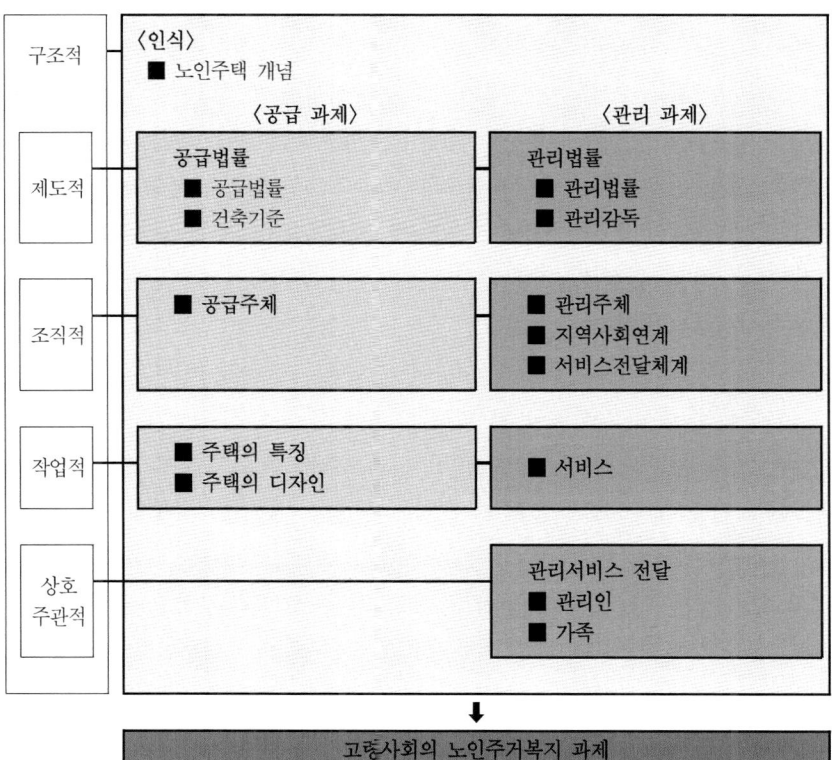

2. 연구방법

1) 연구방법 및 절차

 예비노인을 노인공동생활주택의 수요자로 간주하여 선택권을 확대하고, 공급·관리 주체는 수요자의 욕구에 민감하고 유연성 있게 대처해야 한다는 측면에서 예비노인을 대상으로 요구를 파악하는 일은 매우 중요하다. 뿐만 아니라 노인주택관련 전문가의 의견을 바탕으로 보다 실효성 있는 노인공동생활주택의 과제를 제안할 수 있다. 따라서 본 연구의 조사대상은 노인공동생활주택의 수요자가 될 예비노인과 전문가를 구분하여 견해를 조사하여 노인공동생활주택의 개발 과제를 탐색하였다.

(1) 수요자조사 연구방법 및 절차

 일반인 조사는 질문지(questionnaire)를 이용하여 서울시에 거주하는 50대 예비노인을 대상으로 하였다.3) 표집은 구별, 성별, 주택유형에 따른 인구비례확률추출법(proportinate probability sampling: PPS)으로 하였다.4) 예비조사는 총 30명을 대상으로 2003년 10월 15일부터 31일까지 하였으며, 본 조사는 2003년 11월 3일부터 11월 14일까지 이루어졌다. 총 500부를 배포하였으며, 498부가 최종분석에 사용되었으며, 분석은 SPSS 11.0 Windows Program을 이용하였다.

---

 3) 표집은 서울시의 2003년 50대 인구 총 539,207명(통계청, 2003) 가운데 500명을 선정하였다. 이에 대한 표집확률은 (500 / 539,207)×100 = 0.09272이다.
 4) 표집방법은 인구비례 확률추출법(PPS: Proportionate Probability Sampling)으로, 구체적으로는 3단층화 체계적 무작위추출법(3-Staged Stratified Systematic Random Sampling)을 사용하였다. 구체적인 표집 절차는 다음과 같다.
   ① 1단계: 구별 50대 인구비율에 따른 구별 조사대상자 수 결정
   ② 2단계: 각 구에서 남녀비율(6.5 : 10), 50대 가구주의 주택유형비율별 배부
   ③ 3단계: 각 구별 무작위로 3개동 선정

〈표 Ⅱ-2〉 조사대상 수요자의 일반적 특성

n=498

일반적 특성		구 분	f(%)
인구사회학적 특성	종교 유무	종교 있음	299(60.2)
		종교 없음	198(39.8)
		계	497(100.0)
	자녀 유무	자녀 있음	480(96.8)
		자녀 없음	16(3.2)
		계	496(100.0)
	배우자 동거 여부	그렇다	421(86.1)
		아니다	68(13.9)
		계	489(100.0)
	건강 상태	나쁜 편	57(11.5)
		보 통	176(35.3)
		좋은 편	265(53.2)
		계	498(100.0)
사회경제적 특성	학 력	중학교 졸업 이하	78(15.9)
		고등학교 졸업	190(38.6)
		대학교 졸업 이상	224(45.5)
		계	492(100.0)
	직 업	전업주부, 은퇴·무직	214(46.4)
		단순노무, 장치기계조립, 기능원, 농업·임업·어업	55(11.9)
		판매, 서비스, 사무직	132(28.6)
		기술공, 준전문가, 의원, 고위임직원	60(13.0)
		계	461(100.0)
	가구 월평균 소득 (평균:365.71만 원) (중앙값:300만 원)	200만 원 이하	194(40.0)
		201-400만 원	175(36.1)
		401만 원 이상	116(23.9)
		계	485(100.0)
	가구 총자산 (평균:4억 78백만 원) (중앙값:3억원)	2억 5천만 원 이하	187(41.1)
		2억 5천만 원-5억이하	148(32.5)
		5억 초과	120(26.4)
		계	455(100.0)

일반적 특성		구 분	f(%)
주 거 특 성	주택유형	단독, 다가구 주택	242(48.6)
		아파트	169(33.9)
		연립, 다세대 주택	87(17.5)
		계	498(100.0)
	주 택 소유형태	본인·배우자 소유	416(83.9)
		전세·월세	70(14.1)
		자녀 소유	10(2.0)
		계	496(100.0)
	주택 규모	25.7평 이하	121(24.6)
		25.7평 초과-40평 미만	201(40.9)
		40평 이상	169(34.4)
		계	491(100.0)
	거주지역*	강 남	103(20.7)
		동 북	160(32.1)
		서 북	59(11.8)
		서 남	148(29.7)
		도 심	28(5.7)
		계	498(100.0)

* 구 단위의 표본수가 매우 작기 때문에 25개구를 5개지역으로 구분하였다.
5개 지역은 강남 (강남구, 서초구, 송파구, 강동구), 동북 (동대문구, 성동구, 중량구, 광진구, 성북구, 도봉구, 강북구, 노원구), 서북 (서대문구, 마포구, 은평구), 서남 (강서구, 양천구, 영등포구, 구로구, 금천구, 동작구, 관악구), 도심 (종로구, 중구, 용산구)으로 구분하였다(신광영, 2003)

수요자의 일반적 특성으로는 사회인구학적 특성, 경제적 특성, 주거특성에 대하여 조사하였다. 사회인구학적 특성으로 종교가 있는 경우는 60.2%로 나타났으며, 자녀가 있는 가구는 96.8%로 3.2%를 제외한 대부분의 예비노인이 자녀가 있는 것으로 조사되었다. 배우자와 함께 거주하는 경우는 86.1%, 건강상태가 좋다는 응답은 53.2%로 나타났다.

조사대상자의 사회경제적 특성을 알아보기 위하여 학력, 현재 직업, 가구의 월평균소득, 가구의 자산을 알아보았다. 조사결과 84.2%의 예비노인층이 고등학교 이상의 학력을 가진 것으로 나타났으며, 가구의 월평균 소득은 365.71만 원, 가구의 총자산의 평균값은 4억7천8백만 원으로 나타났다.

주택유형은 50대 가구주의 현재 주거유형을 중심으로 유층표집한 결과 단
독·다가구주택이 48.6%로 가장 많았으며, 아파트 33.9%, 연립·다세대주택
이 17.5%로 나타났다. 주택소유형태는 본인·배우자 소유가 83.9%로 나타
났다. 주택규모는 25.7평 초과-40평 미만이 40.9%로 가장 많이 표집되었다.

(2) 전문가조사 연구방법 및 절차

전문가조사는 노인주택 개발과 관련된 학계·업계·행정기관 전문가를 대상
으로, 노인공동생활주택의 공급과 관리에 대한 구체적인 견해를 면접법으로 질
문하였다. 면접방식은 질문이 표준화되어 있어 응답이 쉽게 부호화되어 자료의
타당성이 높은 구조화된 면접법(structured interview)을 이용하였다. 본
연구의 전문가 조사대상은 노인주택에 관여하는 학계 전문가(주거학·사회복지
학과 교수, 민간·공공기관의 연구원), 업계 전문가(부동산개발회사, 유료노인
복지주택의 개발담당자), 행정 전문가(중앙정부, 일선행정 담당자)이다.

자료수집방법은 비확률표집방법(ronprobability sampling)으로 구체적으
로 의도표집(purposive sampling)[5]을 하였다. 의도표집과 함께 인터뷰과정
에서 연구대상자가 또 다른 연구대상자를 소개하는 제보자 표집방법(sno-
wball sampling)도 병행하였다. 계비조사는 노인주거시설 관리자 2인, 행정
담당자 1인을 대상으로 2003년 11월 7일부터 2003년 11월 17일까지 이루어
졌다. 본 조사는 연구자가 직접 심층면접방식으로 진행하였으며 총 37명을 대
상으로 2004년 4월 27일부터 2004년 5월 31일까지 이루어졌다. 수집된 자료
는 질적 연구의 한 방법인 내용분석(content analysis)을 하였다. 내용 분석
을 통해 전문가들이 왜 그러한 견해를 갖고 있는지 판단근거를 밝히게 된다.

전문참여 전문가의 일반적 특성을 살펴보면, 전문가 37명 중 남자는 61.1%, 여
자는 38.9%였으며, 전문 분야의 분포는 학계 50.0%$, 업계 16.7%, 행정 33.3%
로 조사되었으며, 설문참여 전문가의 평균 근무년수는 12.70년으로 나타났다.

---

5) 의도표집은 연구에 적당한 특성을 지닌 집단을 목적 하에 선택하는 방법으로 연구자가
   모집단을 대표한다고 판단하는 집단을 연구목적에 따라 표집하는 방법으로 판단표집
   (judgement sampling)이라고 한다(조복희, 2002).

<표 Ⅱ-3> 조사대상 전문가의 일반적 특성

n=36

구 분		f(%)
성 별	남 자	22(61.1)
	여 자	14(38.9)
	계	36(100.0)
분 야	학 계	18(50.0)
	업 계	6(16.7)
	행정부	12(33.3)
	계	36(100.0)
근무년수 (평균: 12.70년)	10년 미만	15(41.7)
	10-20년 미만	12(33.3)
	20년 이상	9(25.0)
	계	36(100.0)

제3장 사회구성주의 관점에서 본 외국의 실태

제3장 사회구성주의 관점에서 본 외국의 실태

1. 영국의 보호주택과 은퇴주택

영국의 노인공동생활주택인 보호주택(sheltered housing)은 서비스 정도에 따라 1형, 2형, 2.5형으로 구분된다. 보호주택 1형은 건강한 노인을 위한 계획주택으로 응급호출시스템만 설치된다. 2형은 한 지붕 아래 집합주택으로 엘리베이터가 설치되고 응급호출시스템에 공유공간이 있으며 관리인 서비스가 제공된다. 보호주택 2.5형은 보호주택 2형과 요양원의 중간에 속하는 유형으로서 건강서비스가 부가되며 하루 2끼 이상의 식사가 제공된다(홍형옥, 2001b). 민간에서 공급하는 고소득층 대상의 매매용 보호주택인 은퇴주택(retirement housing)은 보호주택과 디자인과 구조는 비슷하지만, 보호주택의 서비스가 단지에 따라 1형에서 2.5형이 있는 것과는 달리 은퇴주택은 2.5형까지 서비스가 제공된다(Age Concern, 2004a).

1) 구조적 맥락

영국은 1951년 노인인구가 전체인구의 13.7%를 차지하였고, 베이비붐 세대가 노인이 되는 2025년에는 인구의 1 / 4 정도가 노인층으로 구성될 것으로 예측되고 있다.[6] 영국에서는 노인이 자녀와 동거하는 경우가 드물며 부부나

독신자 개인이 자립하여 거주하는 것이 일반적이다.

노인가구의 90.0% 정도는 일반주택에 거주하고, 그 외의 거주자들은 보호주택이나 시설에 거주하고 있다(이영환, 2001b). 이 중 영국에서 보호주택에 거주하는 노인인구의 비율은 6%로(Age Concern, 1998) 양로원보다 보호주택에 거주하는 노인의 비율이 높다. 영국의 보호주택 거주자는 보호주택에서의 경험을 호의적으로 인식하는 것으로 나타나고 있다.

영국은 요람에서 무덤까지의 사회복지 실현을 위해 노력하는 국가로 저소득층과 서민층을 위한 노인주택정책을 중심으로 공공부문이 직접 공급을 주도하여 왔다. 정부의 보호주택의 공급은 관리인이 필요 없는 건강한 이들을 위한 1형과 관리인이 필요한 2형을 구분하여 균형 있는(balancing)생활을 할 수 있도록 한다는 개념7)에서 시작되었으며, 요보호노인의 수요를 수용하기 위해

〈표 Ⅲ-1〉 영국의 노인인구의 추이(1901-2025).

년도	전체인구	전체인구 증가(%)	노인인구 (1백만)			노인인구 증가(%)
			전체 (%)	75세 미만	75세 이상	
1901	38.2	–	2.7(100)	1.9(79)	0.5(21)	–
1951	50.5	32.2	6.9(100)	5.1(74)	1.8(26)	188.0
1981	56.4	11.5	10.0(100)	6.8(67)	3.3(33)	44.9
1991	57.8	2.6	10.6(100)	6.6(62)	4.0(38)	5.6
1994	58.4	1.0	10.6(100)	6.7(63)	4.0(37)	0.3
2001	59.5	1.8	10.7(100)	6.3(59)	4.4(41)	0.7
2011	60.5	1.7	11.9(100)	7.3(62)	4.5(38)	10.7
2025	61.1	1.0	14.8(100)	8.9(60)	5.9(40)	24.6

노인인구란 남자는 65세 이상, 여자는 60세 이상
자료: Tinker(1997), 김만재(1999), p.100 재인용.

7) 보호주택은 주택과 건강의 연결을 시도한 것으로 건강이 양호한 노인가 그렇지 못한 노인집단도 균형 있게 보호한다는 개념(balanced population)이 시도되었으며, 이는 모든 노인 임차인들은 관리인서비스의 능력을 초과해서는 안 된다는 개념이다(Clapham & Munro, 1988). 이에 따라 영국 정부는 1969년 두 가지 유형의 상세한 보호주택디자인과 공급에 대한 책(Ministry of Housing and Local

2.5형의 보급이 확산되고 있는 추세이다(Clapham & Munro, 1988). 또한 고소득층의 노인주택은 철저하게 민간시장에서 해결되도록 하고 있는데, 최근에는 민간개발업자가 고소득 은퇴자들을 대상으로 하는 은퇴주택의 공급이 늘어나고 있다. 은퇴주택은 1981년 불과 200호였으나, 1995년에는 15,000호로 급증하는 등 공급이 지속적으로 늘어나고 있다.

2) 제도적 맥락

보호주택의 공급은 주택법에 의하며 1990년 이후 국민보건서비스(National Health Service)와 지역사회보호법(Community Care Act)이 제정되면서 보호주택의 거주자들도 지역사회보호 서비스를 이용할 수 있게 되었다.

1961년 주택법에서 HA(Housing Association)가 노인주택을 건설하는 경우 보조금을 지불함으로써 공급이 증가되었다. 또한, 1972년 주택법이 적정 임대료와 임차인에 대한 임대료보조를 제도화함으로써 임대주택에 입주하는 노인도 임대료보조를 받게 되었다.

보호주택은 보통 60세 전후로 입주가 가능하며, 소득제한 등은 규정되어 있지 않다. 보호주택에 입주하기 위해서는 자신이 거주하는 지역의 지방정부나 HA에 신청하고,8) 이미 공공주택의 임차인인 경우, 교환(transfer) 신청을 하면 된다. 임대료는 본인부담이 불가능한 부분에 대해서는 보조받도록 되어

Government Circular 82, 1969)을 발간하게 되었다. 여기에는 두 가지(카테고리 1형과 2형)의 보호주택 유형과 그 정의 및 최저기준, 난방 등의 환경기준, 안전기준, 기타 부가적인 기준 등이 규정되어 있다.

8) 지방정부와 HA는 사람들의 욕구를 최대한 충족시키려는 목적을 갖고 있으며, 신청자의 우선순위 기준을 갖고 있다. ① 신청자는 현재의 주택에서의 물리적인 조건 때문에 주거욕구가 발생하거나(예를 들어 장애가 있기 때문에 2층으로 올라가거나 욕실이나 침실을 이용하기에 현재 주거가 적합하지 않은 경우 council housing에 대한 우선순위가 있다), ② 건강악화, 장애, 가족이나 친구로부터 고립 등과 같은 의료적 이유나 사회적인 이유로 이동을 해야 하는 경우, ③ 주택을 구입할 수 없는 경우, ④ 신청자가 가족이나 친구와 가까이 있기를 원하는 경우 그 지역에 신청할 수 있다(Age Concern, 2004d).

있다. 2.5형 보호주택으로 이사하기 위해서는 사회서비스부의 지역사회복지요원의 평가 결과에 따르며, 이 경우 지역주택국과 계약한다. 간호가 필요한 경우에 주변 요양원으로 이사할 것을 권유하고 있지만, 퇴거는 어디까지나 입주자 본인이 결정한다.

민간 분양의 은퇴주택은 55세 또는 60세 이상 입주할 수 있다. 소유권은 평생임차권(leasehold) 형식으로 판매되며, 그 형식이 다양하다.[9] 구입자금 이외에 서비스료, 보증금, 세금, 사용료를 지불해야 한다. 영국 노인이 자신의 주택을 담보로 자산을 활용할 수 있는 방안은 Home Reversion[10] 및 Home Income Plan[11]이 있다.

영국에서 은퇴주택의 모든 관리조직은 ARHM(Association of Retirement Housing Managers)에 등록되어 ARHM 실천 규약[12]을 준수해야

---

9) ① 종신거주권(종신임차권): Lifetime Lease 또는 Lifetime Occupancy로 표현되며, 구입할 때 남은 여생동안 종신토록 거주할 수 있는 권리를 구입하는 것을 의미한다. 주택자산(properties)은 시장가격이하로 판매되며, 만약 다시 이사를 해야 하는 경우가 되면 아주 조금 구입자금을 되돌려 받을 수 있다.
   ② 공동소유권(Shared ownership): 몇몇 HA는 주택자산(property) 가치를 비율로 살 수 있도록 운영하기도 한다(예를 들어, 25% 또는 50%). 그리고 나머지는 임대료로 지불하는 방식이다. 이 경우 임대료에 정기적인 서비스비용이 더해진다.
   ③ Leasehold Schemes for the Elderly(LSE): 이것도 몇몇 HA에 의해 운영되는 방법으로 거주자는 임차권(lease)의 70%만 구입하고, 나머지 30%는 HA가 소유하는 방식이다. 이것을 팔면, 시작가격의 70%를 되돌려 받을 수 있다.(Age Concern, 2004a)
10) Home Reversion은 자택을 매각하고 그 매각금으로 종신연금을 구입하는 제도이다. 매각 처분 비율은 100%, 75%, 50% 중에서 자유롭게 선택할 수 있다.
11) Home Income Plan은 고령자가 주택을 담보로 대부를 받고 그것을 자금으로 종신연금을 구입하는 제도이다.
12) Association of Retirement Housing Managers(ARHM) Code of Practice 는 England와 Wales의 민간회사와 HA의 보호주택과 은퇴주택을 관리하는 업체를 규제한다. 모든 관리주체는 ARHM의 회원으로 등록해야 하며, 멤버십 조건에 규약을 준수하도록 하는 규정을 두고 있다. 또한, 이 규약은 Secretary of State for the Environment에 의해 승인받아야 한다. 이것은 모든 규약이 법적으로 묶이는 것은 아니더라도 관리를 잘 못할 경우는 법원이나 Leasehold Valuation Tribunal에서 관리회사에 대해 법적인 절차가 가해질 수 있다는 의미이다. ARHM code는 Commonhold and Leasehold Reform Act 2002의 내용에 합당해야 한다(Age

만 한다(Age Concern, 2004a). 때문에 민간소유 은퇴주택도 높은 수준의
관리기준에 의해 관리되고 있다. 또한, 보호주택과 은퇴주택의 거주자는 부당
한 대접을 받았을 경우, 옴브즈만 서비스(Ombudsman Services)를 통해
불만을 제기할 수 있다.

은퇴주택 분양에 대해서는 법적으로 보증하고 있으므로13) 소비자가 은퇴주
택을 구입할 때에는 NHBC에 등록된 개발업자가 지은 주택을 사거나 NHBC
보증(NHBC's Buildmark)을 제공하는 공급주체의 것을 선택해야 한다. 또
한 모든 구매자들은 구매자정보14)와 계약서 또는 관리증서를 받도록 법으로
규정하고 있다. 한편, 은퇴주택은 자녀나 친척이 소유할 수도 있지만, 거주는
일정 연령의 사람(55세 또는 60세)만이 할 수 있다(Age Concern, 2004a).

영국의 노인주택에는 노인들의 생활 변화를 수용할 수 있는 융통성과 접근
성을 높이기 위해 생애주택(Life-time Home)15) 개념이 개발되어 있으며,

Concern, 2004a).

13) 거주자의 권리를 보호하기 위한 중요 법률은 National House Building Cou-
ncil(NHBC) Sheltered Housing Code of Practice로 이 법률은 1990년 4월
이후에 지어진 모든 은퇴주택에 적용된다.

14) 구매자 정보(Purchase Information Pack): NHBC Code of Practice는 잠재
적 구매자(potential buyer)가 예약금(reservation fee)을 지불하자마자 free-
holder는 Purchaser's Information Pack을 제공하도록 규정하고 있다. 이 책자
는 leaseholder 핸드북으로 알려진 것으로 다음과 같은 내용을 포함해야 한다. 첫
째, freeholder와 관리주체에 관한 사항(명칭, 주소, 가장 가까운 사무소, free-
holder와 관리주체의 관계 등). 둘째, 구매자의 법적인 권리(leaseholder로서의 구
매자의 권리와 책임에 대한 요약-서비스비용, 단지관리자, 경보시스템, 상담, 보수,
특별하게 규정된 기타 권리). 셋째, 서비스의 종류와 시설(경보호출시스템을 포함한
모든 서비스와 관리조직에 의해 제공되는 시설에 대해 완벽하고 명료하게 설명되어야
한다. 여기에는 개발업자, 관리주체, 그리고 거주자사이의 유지보수 책임에 대해서도
명료하게 규정되어 있다. 빌딩보증에 관한 사항, 공용공간에 대한 보증도 포함한다).
넷째, 모든 비용과 서비스 비용에 관한 것(서비스에 따라 비용이 어떻게 지불되는지,
개별주택 사이에 charge에 차이가 없는지, sinking fund에 대한 설명-이 자금이
어떻게 적립되며, 그리고 어떤 부분에 사용될 돈인지를 포함하여. 신축단지의 경우는
처음 일년간의 서비스비용이 어떻게 측정되었는지, 예산 항목이 명확하게 기록되어야
하며, 서비스비용을 다음에 언제 재조정할지를 명시해야 한다). 다섯째, 재판매에 관
한 사항까지 이상 크게 5가지 사항을 규제하고 있다(Age Concern, 2004a).

15) 생애주택(life-time home)설계란 영국의 Joseph Rowntree Foundation재단에

접근성 기준을 충족시킨 건축조례인 Part M이 1999년 10월부터 모든 신축
건물에 적용되고 있다. 2004년부터는 모든 신축주택에도 적용되도록 하고 있다.

3) 조직적 맥락

중앙정부차원에서는 보건부가 의료보장 및 사회복지서비스 분야를 관장하고
있으나, 소득인 연금제도는 사회보장부의 소관이며 주택공급은 환경부의 소관
이다. 그러나 사회복지서비스와 주택공급에 관한 한 중앙정부는 정책을 입안할 뿐
구체적인 실시에 대해서는 지방자치단체에 위임되어 있다(圓田眞理子, 1995).
보호주택은 공공부문(LA: Local Authority)[16]에서 담당하나, 부분적으로

의해 개발된 것으로, 주택에서의 이동에 제약이 있는 사람들을 위해 접근성과 편안함
을 향상시키기 위한 디자인 특성을 규정한 지침이다. 어린이부터 노인에 이르기까지
미래에 있을 수 있는 개조사항을 고려한 것이 그 특징이다. 16개의 생애주택지침은
다음과 같다. ① 집에 인접한 주차공간은 충분히 넓어야 한다(3300mm 너비) ② 주차
공간으로부터 집까지의 거리는 최소한으로 해야 하며, 평평하거나 완만해야 한다. ③
모든 접근로는 평평하거나 완만해야 한다. ④ 모든 출입구는 a)Part 1.3.1.2E
(essential) 기준에 일치해야 하며, b)문지방에 접근 가능해야 하며, 3) 주출입구로
반드시 통해야 한다. ⑤ 공용계단은 쉽게 접근되어야 하며, 리프트가 설치된 주택은
휠체어가 접근 가능하도록 충분히 넓어야 한다. ⑥ 문과 복도의 폭은 Specifica-
tions and dimensions which meet Lifetime Homes Standards규정에 따라
야 한다.(최소 문 폭은 750mm, 최소복도 폭은 900mm) ⑦ 거실과 식당은 휠체어 사용
자를 위한 충분한 회전공간이 있어야 한다. ⑧ 거실은 출입문에서 동일면으로 평평하
게 계획되어야 한다. ⑨ 2층 이상의 주택에서는 침실을 편리하게 사용할 수 있도록
침실은 출입층에 있어야 한다. ⑩ 출입층에 휠체어 사용자가 이용할 수 있는 화장실
을 마련해야 하며, 샤워기능을 갖춘 공간도 마련해야 한다. ⑪ 침실과 욕실 벽에는 핸
드레일과 같은 지지대 설치 ⑫ 디자인은 미래에 있을 계단리프트 설치를 고려해야 한
다. ⑬ 주침실과 욕실은 합리적으로 배치되어야 한다. ⑭ 욕실은 욕조, 화장실, 세면
대를 접근하기 쉽도록 조화롭게 배치되어야 한다. ⑮ 거실창의 조망은 800mm 또는 그
아래로 해야 하며, 열고 닫기 편해야 한다. ⑯ 스위치, 소켓, 난방조절장치, 퓨즈박스
등은 접근하기 좋은 높이에 위치해야 한다(바닥 면에서 450-1200mm 사이). 1998년
개소한 JRF의 CCRCs(Continuing Care Retirement Community)인
Hattrigs Oak는 생애주택 개념이 적용되었다〈자료: http://www.jrf.org.uk〉

16) 지방자치단체(Local Authority)는 임대주택 배당 정책에 따라 주택을 공급해야 하
고, 지방자치단체는 법적으로 일정한 기준에 따라 누구에게 주택을 임대해 줄 것인지
를 결정해야 하며, 모든 보호주택 신청자는 이러한 정책을 알 권리가 있다.

비영리 HA(Housing Association)17)와 민간도 참여하고 있다. 보통 은퇴주택은 민간회사나 개발업자에 의해 공급되고 은퇴주택 관리는 관리조직에 넘기기 때문에 관리조직은 HA이거나 민간회사이다.

보호주택 1형은 관리인과 공용공간이 없고 보호주택 2형은 관리인(warden)이 있으며, 보통 관리인은 단지 내의 관리인 주택에 거주하는 것이 보통이고, 규모는 25-30호 정도로서 1인의 관리인이 감당하기 가장 효율적인 것으로 알려져 있다. 보호주택 2.5형은 의료·식사서비스가 제공되므로 관리인 외에도 간호, 식사서비스를 위해 여러 명이 교대 근무하는 체제로 되어있다.

영국의 보호주택은 개별주호의 응급벨이 통제센터(control centre) 또는 연락센터(communication centre)와 연결되어 있어, 응급시 거주자가 응급벨을 잡아당기면, 통제센터에서 가족과 관리인 등에게 알리고, 적절한 조치를 취하는 시스템이 갖추어져 있다. 지역 긴급 네트워크가 정비되지 않은 경우, 관리인의 역할이 중요하게 되는데 상주관리인이 대응할 수 없을 경우에는 이동관리인서비스가 제공되어 24시간 서비스가 가능하게 되어 있다(Field, et. al., 2002).

4) 작업적 맥락

영국의 보호주택은 25-30호 정도의 소규모로 제공하여 노인들이 현재의 거주지에서 쉽게 이사할 수 있으며(Tinker, 1997), 보호주택단지는 노인들의 자립적인 생활을 촉진하기 위하여 보통 근처에 가게, 병원, 공공기관, 대중교통을 이용할 수 있는 지역에 위치하고 있다(Williams, 1986). 개별주호는 1

---

17) HA(Housing Association)란 등록된 공공 임대인(Registered Social Landlords)으로서 임대보호주택(rent sheltered housing)을 포함한 임대주택(rent housing)을 공급한다. 이들이 공급하는 임대주택의 임대료는 민간부분의 임대료보다는 낮지만 지방정부에서 공급하는 공공주택(councils housing)임대료 보다는 비싸다. HA에 의해 만들어진 주택임차인헌장(Housing Applicant's Charter)은 임대주택 신청자들이 어떠한 권리를 갖고 있으며, 등록된 공공 임대인에게 임차인이 요구할 수 있는 권리를 명시하고 있다(Age Concern, 2004b).

형은 방갈로(bungalows), 2형과 2.5형은 플랫(flat) 형식으로 건축된다. 개별주호형태는 대부분 원룸형, 1침실형, 2침실형으로 공급된다. 개별주호의 크기는 거주인원수와 공간구성에 따라 33.0㎡-61.0㎡까지 다양하다.[18]

공용공간은 단지마다 다르나 공용 라운지와 손님방은 거의 모두 설치되어 있다. 보호주택에서 라운지는 매우 중요한 기능을 하는데 라운지에서는 차를 마시거나 다른 거주자들을 만나서 이야기를 나누기도 하고 관리인의 보조하에 공동식사와 파티 등 다양한 거주자 행사들이 이루어진다. 또한 보통 공동세탁실이 있어서 거주자들이 스스로 세탁을 하게 되어 있다.

보호주택에는 응급경보장치가 설치되어 1차적으로 관리인실로 연결되며, 관리인이 부재한 경우 중앙센터로 연결된다. 개별 주호의 건축기준은 문과 창문은 쉽게 열고 닫힐 수 있으며, 조명 스위치와 소켓은 구부리거나 팔을 뻗지 않고 조작할 수 있어야 하고, 모든 방은 적절한 난방과 냉방이 되어야 한다. 또한, 이동이 용이하도록 리프트가 설치되고, 리프트의 동작이 쉬우며, 휠체어가 이동할 수 있도록 문 폭이나 복도가 충분히 넓도록 규정하고 있다.

보호주택 2.5형의 서비스는 완전 독립적인 개별 주호(self-contained flats)가 아니라 개별식사준비는 가능하지 않다. 공동식당이 있어 식사가 제공되며 간호직원이 있어 개인적인 간호가 가능하며, 지역사회서비스 부서와 연결되어 운영되고 있다.

은퇴주택의 서비스는 단지마다 매우 다양하나 대부분 보호주택 2.5형까지의 서비스가 제공된다. 은퇴주택은 분양이므로 관리조직의 업무는 복도, 리프트, 공용라운지, 외부 정원과 같은 공용공간의 보수 및 유지관리정도 이고, 공동식

---

18) 〈표 Ⅲ-2〉 영국보호주택 종류와 크기

구분		카테고리 1(방갈로)	카테고리 1(플랫)	카테고리 2(플랫)
1인	원룸	33.0㎡ (침상이 있는 부분)	32.6㎡	30.0㎡
1인	1침실 유형	-	34.0㎡	34.0㎡
2인	1침실 유형	48.5㎡	47.5㎡	41.5㎡
3인	2침실 유형	61.0㎡	60.0㎡	-

Ministry of Housing and Local Government Circular 82, 1969, 圓田眞理子 (1995). 재인용·

사 등의 서비스는 이루어지지 않는다.[19] 은퇴주택의 건물보증보험은 관리조직의 책임이지만, 개별 주호 내부의 유지관리와 보수는 개인의 책임이다.

5) 상호주관적 맥락

보호주택에서 가장 중요한 서비스는 관리인서비스다. 관리인의 업무는 단지마다 매우 다양하지만,[20] 기본 업무는 단지관리, 긴급시 대응, 건물 보수문제 보고, 사회적 활동 조직하는 데 도움, 입주자에게 문제 발생한 경우 관계기관에 연락 등을 하는 것이다.[21] 쇼핑, 요리, 청소, 간병과 같은 개인서비스까지는 관리인이 하지 않지만 사회서비스 같은 추가적인 서비스를 조정하는 역할을 한다.[22]

현장관리인(warden)의 신분은 비전문직으로 취급되어 왔으며, 보호주택 관리인은 대부분 중년의 결혼한 부인이거나 은퇴한 간호사들이 많으며, 특별한 자격규정은 갖고 있지 않다. 최근 들어 warden이라는 직함보다는 scheme manager라는 직함을 더 선호하며, 단지 "좋은 이웃(good neighborhood)"에서 "전문인(professional)"로 대접받기 위한 노력을 하고 있는(England, et.

---

19) sinking-fund: 모든 은퇴주택은 장기간의 보수, 갱신, 리데코레이션의 비용을 지불하기 위한 sinking fund를 적립해야 하는데, 매달 지불하는 서비스 지불금(service charge payments)에서 일부분을 적립하는 방법을 취하기도 한다(Age Concern, 2004a).

20) Halow 3개 보호주택단지의 관리인을 조사한 결과에서 관리인은 주중의 매일매일은 각각의 거주자를 잠깐씩 방문하고, 매주 공용공간에서 이루어지는 행사에 참여하고, 나머지 시간은 단지에 머물면서 그들의 업무를 처리한다(Williams, 1986).

21) 액턴시의 관리자용 매뉴얼에는 다음과 같은 관리자 업무가 제시되어 있다. ① 임대료 수당의 수급에 관한 입주자에의 문의(이 경우 지역주택관리사무고나 사회서비스사무소와 연락 포함), ② 지역사회서비스사무소에의 연금, 생활수당, 간호수당 등에 대한 문의 일체, ③ 입주자가 홈헬프서비스를 받을 수 있도록 지역 홈헬프사무소에의 연락, ④ 지역의 간호사, 의사에의 연락, ⑤ 입주예정자의 방문접수, 수리 등과 같은 주택에 관한 문의 일체, ⑥ 입주자가 이용가능한 서비스의 소개(圓田眞理子, 1995).

22) 보호주택의 거주자가 일반주택의 거주자처럼 이용할 수 있는 서비스로 액턴시의 관리자용 매뉴얼에는 관리자가 연계할 수 있는 업무가 제시되어 있다. ① 지역 간호사, 입욕보조, 야간간호사는 입주자개인의 주치의를 통해서 의뢰, ② 홈헬프 서비스는 지역의 홈케어사무소를 통하여 의뢰, ③ 지역의 전문요양사는 지역사무소를 통해 의뢰, ④ 급식서비스는 지역의 급식서비스사무소를 통해서 의뢰(圓田眞理子, 1995).

al., 2000) 만큼 응급처치 자격증을 획득하는 등 관리인으로서의 자질향상과 프로의식이 필요하다.

보호주택에는 자녀나 친척이 머물다가 갈 수 있는 손님방이 갖추어져 있으며, 보호주택 거주자는 같은 지역 내에 거주하던 사람들로 주변의 친척이나 자녀가 자주 방문하고 있다(圓田眞理子, 1995). 또한, 보호주택에서의 자녀나 친척은 단순한 '방문자'가 아닌 '지원자'로 그 역할을 수행할 것을 점차 요구하고 있으므로(Oldman, 2000) 관리인은 이러한 상황을 잘 조정할 책임도 갖고 있다.

2. 미국의 독립생활주택과 생활지원주택

미국의 노인공동생활주택은 노인집합주택(congregate housing), 독립생활주택(independent living)과 생활지원주택(assisted living)이 이에 해당된다. 노인집합주택과 독립생활주택은 거의 같은 수준의 서비스를 제공하며, 공공의 지원을 받는 경우는 노인집합주택이라고 부르는 경우가 많다.[23] 생활지원주택은 영국의 보호주택 카테고리 2.5형에서 도입되었으며, 혼자서 거동은 가능하지만 일상생활이 의존적인 노인을 위한 주택으로 간호서비스가 부가되는

---

23) Independent Living은 Assisted living과 구별하는 의미에서 또한 입주자가 비용을 자기 부담한다는 의미에서 이렇게 불리고 있으며, 공영주택이나 공공시책을 활용한 비영리단체에 의한 서비스가 부대되는 노인주택은 independent living과 구별하여 congregate housing이라고 한다(圓田眞理子, 1995). 최근에는 미국 노인복지국(Bureau of Elder and Adult Service)에서 집합주택(Congregate housing)에 지원하고 있는 프로그램의 명칭을 CHSP(Congregate Housing Service Program)에서 독립적인 생활을 강조한 IHSP(Independent Housing Service Program)로 바꾸어 운영하고 있다 (http://www.state.me.us/dhs/beas/policy2003/2003/sec62.htm). 집합주택서비스 프로그램이란 저소득층 노인들이 보조를 받는 집합주택에서 거주하면서 주정부의 보조를 받는 Congregate Housing Services를 제공받는 것이다(Section 202). 이 서비스에는 매일매일의 식사와 가사, 개인적인 보조서비스 등을 제공받을 수 있다. 서비스보조금은 일정소득에 속하는 거주자에게 제공할 수 있다.

노인집합주택과 요양원의 중간형태이다.

1) 구조적 맥락

미국 노인[24]의 가족구성은 부부세대 또는 혼자 사는 여성이 대부분이다. 1995년 통계자료에 의하면, 노인부부세대는 52.8%, 여성가구주 세대는 27.3%로 나타나고 있다(원영희, 1999). 미국 은퇴자협회(AARP; American Association of Retired Persons, 1996)에서 실시한 전국조사에 의하면, 응답자의 53%가 노인을 위한 계획주거로의 이동을 고려하고 있는 것으로 나타나고 있다. 1992년 조사에서는 노인주택에 거주하는 노인비율이 6%였으나, 불과 4년 후인 1996년에는 10%로 증가하였다(Reynolds & Beamish, 2003). 이것은 사생활보장과 합리적인 일상생활관리를 이상적 사회 규범으로 인식하여 노인전용주택 거주를 긍정적으로 생각하는(Crimmins, 1990) 문화규범과 연결된다.

노인집합주택[25]은 영국의 보호주택보다 20년 후에 시작되었으나, 최근에는 민간부분에서 생활지원주택이 급속도로 활성화되고 있다. 국가의 노인주택정책은 정부가 노인을 위한 공영주택을 직접 건설한 시기도 있지만, 기본적으로 민간부문이 노인주택을 건설하도록 하고 있다. 따라서 차별화된 디자인과 서비스를 제공하는

---

[24]

〈표 Ⅲ-3〉 미국의 노인인구 추계(1995년-2050년)

(단위: 백만 명, %)

구 분	1995	2000	2010	2030	2050
전체인구	262.820	274.634	297.716	346899	393.931
65세 이상	33.544 (12.8)	34.710 (12.6)	39.409 (13.2)	69.379 (20.0)	78.859 (20.0)
85세 이상	3.634 (1.4)	4.259 (1.6)	5.670 (1.9)	8.454 (2.4)	18.224 (4.6)

〈자료〉 U.S. Bureau of the Census(1996), 원영희(1999). p.9 재인용.

25) 1978년 집합주택서비스법(Congregate Housing Service Act)에 처음 규정되었으며, 집합주택의 법률적 정의는 입주자에게 경제적인 식사가 제공되는 중앙식당 시설이 연결되는 저렴한 임대료 주택이다(Gordon, 2001).

노인주택시장이 형성되어 있어 수요자는 자신의 여건에 따라 선택할 수 있다.

2) 제도적 맥락

노인주택에 관한 법은 크게 주택관련 법규와 서비스 관련법규로 구분된다. 주택은 주택법(National Housing Act)[26)]에 규정되어 있으며, 서비스에 관련된 사항은 집합주거서비스법(Congregate Housing Services Act), 노인복지법(Older American Act),[27)] 사회보장법(Social Security Act)[28)]이 있다. 주택에 관한 법을 중심으로 주정부(State Government), 연방정부(Federal Government)의 정책도 주와 지방에 따라 다양하게 나타나고 있다. 미국은 영리든 비영리든 노인주택을 건설하는 사업자에게 정부가 보증하는 융자제도를[29)] 실시하여 민간의 노인주택 건설을 촉진하고 있다.

---

26) 주택법(National Housing Act)은 1934년 주택구입 저당융자에 관한 사항을 중심으로 처음 제정되었으며, 미국행정부의 주택 / 도시개발성(Department of Housing and Urban Development)이 주관하여 시행하고 있다. 노인과 관련된 개정사항은 1956년 노인주택자문위원회가 설치되어 노인의 특성을 배려한 주택정책이 시행되기 시작하였고, 이중 노인에 관한 규정은 Section 1701-q노인지지주택(Supportive Housing for the Elderly)에 나타나 있다. 이 규정은 1959년 미국주택법 개정에서 새로 도입된 부분이다. Sec. 1701q 외에도 Sec. 1701h-1 (Housing for Elderly Persons Advisory Committee)노인주택자문위원회와 1701q-1(노인주택저당에 관한 벌칙)이 있다(최성재, 2001).

27) 노인복지법은 노인들에게 제공되는 각종 서비스 프로그램 제공과 연구 및 교육훈련에 소요되는 재정지원 및 노인복지서비스의 전달체계를 구체화하는 "노인복지서비스 연계망"에 관련된 법이다.

28) 사회보장법은 주로·연금, 공적부조, 의료보험을 다루는 법안으로, 연금법은 1920년 공무원퇴직연금법(Civil Service Retirement Act)이 처음 제정되고, 1935년 미국노인전체를 대상으로 사회보장법이 제정되었다.

29) 미국의 주택도시개발국(HUD)의 Section 202(Supportive Housing for the Elderly)항은 1990년 주택법 개정에 의해 신설된 것으로 기존 202항의 새로운 유형의 보조제도이다. 영리·비영리·주택조합 등의 민간단체가 최저소득의 노인을 위한 주택공급을 적어도 40년간 지속하는 한 연방대출금은 무이자·무변제가 가능하다. 임대료 보조는 차입금을 제외한 호당 건설비용과 입주자 부담의 차액분만이 보조되는 체계이며, 입주대상자는 62세 이상의 고령자가 반드시 포함된 최저소득층이 된다(박신영 외 2인, 1999).

노인집합주택은 간호서비스가 부대되지 않으므로 신체적으로 건강한 상태의 노인이 입주할 수 있다. 노인집합주택도 그 비용은 개인부담이 원칙이다. 비영리 단체에서 운영하는 경우에는 자원봉사에 의하여 운영되므로 값싸게 제공되는 경우도 있으며, 저소득자를 대상으로 연방정부 또는 주정부가 임대료를 보조해 주는 제도를 운영하고 있다.[30]

독립생활주택의 입주자는 대부분 독신 노인으로 자택을 처분하여 자력으로 비용을 부담할 수 있는 중산층 이상이 많다.[31] 보통 임대형식이 가장 많으며, 월 생활비는 서비스 정도에 따라 매우 다양하다.

생활지원주택의 입주조건을 보면, 혼자서 거동할 수 있고 정신적으로는 장애가 없어야 하며, 휠체어사용자라도 자력으로 이동이 가능하면 입주할 수 있다. 주로 임대형식이 많으며, 서비스가 많이 제공되기 때문에 임차료는 독립생활주택보다 비싸다.

노인주택은 대부분 영리기업에서 공급하고 있으나, 주정부[32]에서는 시설허

---

30) ① Section 8(Lower Income Rental Assistance)은 HUD가 정한 공시임대료와 저소득자로 인정된 입주자의 임대료부담능력과의 차액분을 보조하는 제도이다. 소득이 해당 지역 세대수입중앙값의 50% 미만인 층(최저소득층), 중앙값의 50-80%인 층(저소득층)을 임대료보조대상 세대로 인정하며, 입주자부담한도는 총수입액의 10%, 실질소득의 30%를 부담한다. 공급주체는 상관없으며, 현재 노인용 주택과 장애인용 주택에만 한정하여 적용한다.
　② 자격보증제도(Rental Certificate Program)는 임대료를 보조받을 자격이 인정된 세대에 대해 공시임대료 내에서 HUD의 건축기준에 합치되는 주택을 기준으로 PHA(Local Public Housing Association)에서 직접 임대료를 지불하는 방식이다.
　③ 바우처 프로그램(Rental Voucher Program)은 자격인정을 받은 세대가 민간시장에서 자유롭게 주택을 선택하고 공시임대료와 차액만큼을 본인이 갖거나 또는 지불하는 제도로, 1983년 입주자의 재량권을 높이기 위해 신설하였다(박신영 외 2인, 1999).
31) 주택은 소유하고 있지만 소득이 없는 노인들을 위해 주택자산활용대출제도가 개발되었으며(Morgan, 1996), 주택자산활용(home equity conversion mortgage; HECM)이란 주택자산을 활용하여 노후소득보장을 도모하는 제도로 대표적인 예가 역주택담보대부(Reverse Mortgage)이다. 이것은 주택을 담보로 매월 일정액의 생활비를 연금형식으로 지급받고 계약기간만료 후 주택을 처분하여 그동안의 이자와 원금을 일괄 변제하는 제도이다.
32) 생활지원주택은 약물치료와 간호서비스가 제공되기 때문에 대부분의 주에서 허가를 받도록 요구하고 있으며, 주마다 다르다(Licensing of Care Program). 캘리포니아

가와 운영규정을 적용하여 감독하고 있으며, 시설인가를 1년에 한번씩 갱신하도
록 할 정도로 운영에 대한 규정[33]이 엄격히 적용되고 있다(Huttman, 1985).
또한 부당한 대접을 받았을 경우 소비자는 민원을 제기하여 행정기관이 문제조
사 및 관리자에 대한 지도, 행정권도 등을 행하는 옴브즈맨(Ombudsman)제
도를[34] 이용할 수 있다.

　노인공동생활주택을 건축할 경우에는 주정부로부터 건축허가를 받아야 하며,
허가부서에서는 건물에 대한 전문적인 점검(inspection)을 의뢰하여 건축이 적
합하게 이루어졌는지 요구해야 한다. 건축에 관련된 사항은 건강 및 안전에 관
한 법률(Health and Safety Code)에 의한다(State of California, 2000).

3) 조직적 맥락

　미국 노인복지행정체계[35]는 연방정부, 주정부, 지역단위 행정기구 및 민간
단체로 이어지는 서비스망(aging network)이 함께 서비스를 전달하는 시스
템으로 구축되어 있다. 행정체계가 연방정부, 주정부, 지방정부로 위계가 있기

　　주는 RCFE (Residential Care Facilities for the Elderly) 허가를 받아야 한
　　다. 그 내용은 1항에서는 관련 용어에 대한 정의, 2항에서는 허가(Licence)관련, 3
　　항 적용절차, 4항 행정실행, 5항 강제조항, 6항 지속조건, 7항 물리적 환경, 8항 부
　　수적인 의료서비스, 9장 라이센스와 관리자 인증에 관한 내용을 포함한다(State of
　　California, 2000).
33) 시설운영에 관한 사항은 물리적인 건물의 유지관리와 간호서비스 등의 각종 서비스에
　　관한 규정을 모두 규정하고 있다. 유지관리 기준에 난방온도 기준까지 제시하는 등 관
　　리지침이 매우 구체적으로 제시되어 있다(State of California, 2000).
34) 민간에 의한 노인주택 공급을 시도한 미국에서도 노인주택이 확산되면서 70년대 후반
　　에는 서서비스의 질을 저하시키는 사업자나 도산상태에 빠지는 기업이 나타났다. 사업
　　자가 도산하면서 노인주택 입주에 모든 재산을 투자한 노인의 거주문제가 큰 사회문제
　　가 되었으며, 이에 대한 제도적인 정비가 이루어져 주정부 차원의 허가·운영기준이
　　정비되고, 옴브즈만 제도가 시작되었다.
35) 미국 복지행정조직을 보면, 노인복지청은 연방기관의 노인프로그램을 조정하고 재원을
　　조달한다. 주단위 노인복지사무소는 서비스의 우선순위를 개발하며, 행정·통합·평가
　　의 책임을 진다. 지역단위노인사무소는 욕구평가, 서비스 계획 및 조정, 개발을 하는
　　책임을 진다.

는 하나 실제 운영은 주정부나 지방정부의 자율에 맡기기 때문에 주 또는 지방마다 서비스 전달체계는 상이하다.

노인공동생활주택 사업의 중심이 되고 있는 것은 영리·비영리 민간단체이다.[36] 70년대는 공적 지원을 받은 비영리 민간단체가 공급의 주를 이루었으나, 80년대 이후 민간 영리기업에서 다양한 계층의 노인을 대상으로 다양한 노인공동생활주택을 공급하는 추세이다. 관리는 주로 공급회사에서 관리까지 할 수 있는 조직을 갖고 있으며, 전문관리회사에 위탁하는 경우도 있다.

노인집합주택의 관리인은 사회복지사(social worker)가 직원으로 활동하여 필요한 서비스를 제공하기도 하고, 또 어떤 단지는 지역공급자(local provider)가 방문하여 서비스를 제공하기도 한다. 관리인의 자격에 대해 국가적인 자격증은 없지만, 각 주별로 일정한 자격기준을 두고 있으며,[37] 노인주택관리회사 차원에서 자체적인 교육을 실시하고 있다.

〈그림 III-1〉 미국 노인복지행정 체계

연방정부 (Federal Government)	보건후생성(Department of Health & Human Services)산하 노인복지청(Administration on Aging)
주 정 부 (State Government)	주단위 노인복지사무소(State Units on Aging)
지방정부 (Local Government)	지역단위 노인복지사무소(Local Area Agencies on Aging)

36) 연구자가 현장 견학한 캘리포니아 지역의 노인공동생활주택 10곳 중 민간 또는 개인 사업자가 8곳, 비영리가 1곳, 공공이 공급하는 곳이 1곳으로 나타났다(2003년 7월 현장견학).

37) California주의 노인주택 관리인 자격증은 다음과 같다. ① RCFE는 Residential Care Facility for Elderly의 약자로 Assisted Living을 운영하는 데 반드시 필요한 주에서 요구하는 관리인 자격이다. ② National Center for Housing Management협회에서 수여하는 자격으로는 COS(Certified Occupancy Specialist), RHP(Retirement Housing Professional), SHS(Senior Housing Specialist)가 있다(2003년 7월 현장견학).

4) 작업적 맥락

미국의 노인공동생활주택은 노인들이 종전의 거주지에서 가까운 곳을 선호하기 때문에 도시근교나 도심에 입지하는 사례가 많다. 미국의 노인공동생활주택은 100-200호 정도의 규모로 대규모가 그 특징이다. 노인집합주택과 독립생활주택은 원룸이나 1침실 유형이 많으며, 반드시 부엌이 있다. 생활지원주택은 대략 80-120호 정도로 공급되며, 주택은 원룸이나 1침실형 유형이며, 독립의 상징으로 부엌이 부대되지만 실제로는 거의 사용되지 않고, 욕실은 샤워만 할 수 있는 경우가 많다.

미국의 노인공동생활주택에는 공동거실, 공동식당, 세탁실, 관리인실 등의 일상적인 생활을 지원하는 공용공간이 갖추어져 있으며, 카드나 빙고게임을 할 수 있도록 카드룸, 도서실 등의 각종 활동실이 마련되어 있으며, 경우에 따라서는 미용실이나 의료실 등이 갖추어진 곳도 있다. 미국의 노인공동생활주택은 대규모로 단지 내에 공용공간과 공용시설이 많이 부대되는 것이 특징이다.

노인집합주택(congregate housing)은 반드시 관리인이 부대되며, 그 밖에 식사서비스, 교통서비스, 청소 등의 가사보조서비스가 제공되는 체제가 정비되어 있다. 독립생활주택(independent living)에서의 서비스도 자립적인 생활이 원칙이지만, 공용식당이 완비되어 있어 식사서비스를 이용할 수 있다. 만약 가사보조, 간호서비스가 필요하게 된 경우 프론트에 부탁하면 서비스를 이용할 수 있으나 비용은 모두 개인부담이다.

생활지원주택(assisted living)은 프라이버시가 보장된 주택에 1일 3식의 식사, 옷입기, 목욕보조 등 개인적인 서비스가 제공되며, 24시간 대응 간호서비스가 갖추어져 있다. 독립생활주택과 생활지원주택을 한 곳에서 운영하여 단지 내의 모든 서비스가 제공될 수 있는 시스템을 갖추고 독립생활주택의 거주자들도 이를 선택적으로 이용할 수 있도록 하는 경우도 있다.

미국은 다양한 활동프로그램이 운영되는 것이 특징이다. 하지만 최근에는 단지 내에서 모든 서비스를 제공하여 지역사회와의 고립문제를 해결하기 위해 지역사회와 가까운 곳에 소규모로 개발되는 경향도 있다.

5) 상호주관적 맥락

생활지원주택의 서비스 전달방식에서 관리인과 거주자의 사회적 교류는 매우 중요하며, 관리직원들의 태도는 거주자들의 심리적 안정에 중요한 역할을 한다 (김영주, 2003). 관리서비스의 전달방식을 관리회사 차원에서 자체적으로 세부적인 지침을 제안하고 있는 것도 특징이다.[38]

또한 미국의 노인공동생활주택은 자녀의 방문 등을 효율적으로 관리하고 (guest room 마련) 있는 것으로 나타났다. 무엇보다도 자녀가 가까이 있거나 자주 방문하는 경우 거주자들의 심리적 안정에 크게 기여하여 현재의 거주지를 내 '집'처럼 인식하고 만족도를 높이는 데 중요한 역할을 한다(김영주, 2003).

3. 일본의 실버하우징과 시니어주택

일본의 노인공동생활주택은 영국, 미국보다 늦은 80년대부터 시작되었으며, 실버하우징(silver housing), 시니어주택(senior house)이 이에 해당된다. 미국과 영국의 노인공동생활주택이 서비스 제공에 따라 구분되는 것과는 달리 이들 주택은 입주대상자에 따라 구분되고 있다. 실버하우징은 중 저소득층을 대상으로 하는 공공주택인 반면, 시니어주택은 중산층 이상이 입주하는 주택으로 공공과 민간에서 모두 공급하고 있다.

1) 구조적 맥락

일본은 고령화 사회에서 고령사회로 가는데 불과 24년밖에 걸리지 않아 매

---

38) 생활지원주택에서의 관리지침을 예를 들면, 집과 같은 환경을 제공할 수 있는 관리방식이 모색되고 있으며, 자신이 쓰던 가구를 갖고 올 수 있는지, 애완동물을 키울 수 있는지, 자녀나 친구들의 방문이 가능한지, 손님이 잠을 자고 갈 수 있는지, 등이 이에 대한 구체적인 관리지침으로 제시되어 있다(MFS, 2003).

우 빠르게 고령화가 진행되고 있다. 2002년 현재 일본의 고령화율이 18.5%
이다. 이러한 고령화 속도는 꾸준히 증가하여 2010년대는 고령화율이 22.5%
가 될 것으로 예상하고 있다(內閣俯, 2003).

노인가구의 가족형태를 보면, 2001년 현재 3세대가족이 15.5%, 미혼자녀
동거 노인가구는 15.7%, 노인부부가구 27.8%, 노인단독가구는 19.4%, 기
타 11.6%로 3세대 가족보다 노인단독가구와 노인부부가구의 비율이 높게 나
타나고 있다(內閣俯, 2003).

일본의 노인주택정책은 다른 선진국과 비슷한 양상으로 전개되었는데 다만 서
구사회에는 없는 자녀와 2세대주택(pair housing)39) 등 가족과 연관된 주
거유형을 개발하는 정책을 펼친 것이 차이점이라고 볼 수 있다(石原邦雄 외,
1993). 하지만, 일본도 노인부양에 관한 사람들의 인식과 가족구조가 변화됨
에 따라 점차로 공적인 지원체계로 변화되어 가고 있는 추세이다. 일본은 저소
득층뿐만이 아니라 중산층 이상을 위한 노인주택을 공적 기관이 직접 공급하는
점이 특징이다.

2) 제도적 맥락

노인주택정책은 주택 분야와 복지 분야에서 함께 수행하고 있다. 실버하우징
은 주택정책과 복지정책이 연계하에 1987년에 처음 시도된 주택프로젝트로 주
택정책하에 주택을 공급하고 서비스 전달은 복지 분야에서 이루어지고 있다(圓
田眞理子, 1995). 1997년 전국적으로 실버하우징은 총 172개 단지, 4,109
호수에 이르고 있다(財團法人高齡者住宅財團, 1998). 또한, 중산층 대상을
위한 시니어주택은 1995년 1개 단지가 공급되기 시작하여 점차 확대되고 있다.

실버하우징은 공공임대주택(公共賃貸住宅)이므로 공급자는 건설비를 보조받

---

39) 우리나라는 조부모, 부모, 손자가 함께 거주하는 경우 3세대 주택이라고 부르나, 일본
은 2세대주택(pair housing)으로 부른다. "부부＋자녀"세대와 "노부모"가계가 함께
거주하면서 서로 프라이버시가 지켜지는 거주를 가능하게 의도한 것으로, 보통 고령자
세대용 1DK 정도의 집과 자녀세대용 2DK 정도의 집이 복도나 발코니로 연결되어
있는 형태이다.

으며, 건설할 때에는 반드시 고령자의 특성을 배려한 설계 및 응급경보시스템을 갖추어야 한다. 또한 시설설치비가 보조되며, 사업주체가 시정촌과 사업계획수립시 그 계획을 조정하게 되며 조정과정에서 지역 내 행정상 위치, 입주노인 선정, 의료·복지서비스와의 연락 등에 대한 사업책정경비도 보조받는다.

실버하우징은 중 저소득층40)을 대상으로 하며 60세 이상의 일상생활 자립가능자가 입주할 수 있다. 부부의 경우 1인만 60세가 넘으면 입주할 수 있다. 입주 시에는 임대계약을 하고, 임대료는 공영주택의 임대료에 준하고 있으며 지자체 별로 다르다. 또한 매달 서비스 이용료는 소득에 따라 계산된 일정액을 부담해야 한다. 퇴거의 조건은 3개월 이상 입원하는 경우이다.

시니어주택은 중산층이 퇴직 시까지 조달할 수 있는 자금으로 입주할 수 있도록 계획된 주택이다. 중산층 대상이지만, 주택공급자에게는 주택금융공고의 공공 융자가 지원된다(園田眞理子, 1995). 시니어주택은 55세 이상 고령자가 입주할 수 있으며, 자립생활이 가능하고, 공단이 정한 수입기준에 따라 각종 경비를 부담할 수 있는 경제적 능력이 있는 사람이 입주가능하다.

시니어주택의 가장 큰 특징은 주택마련방식으로 입주금방식41)과 연금방식42)이 있으며, 사업주체에 따라 두 가지 방식을 혼합하기도 한다. 어떤 방식이든 종신거주가 보장된다. 종신임대료에 상당하는 입주금을 일괄지불하고, 입

---

40) 전액 무료로 생활하는 것은 아니기 때문에 일정액의 비용을 부담할 수 있어야 하므로 일정수입기준을 충족하는 사람이 입주할 수 있다. 공영2종주택(公營2種住宅)은 소득 분위 16.5% 미만의 세대를 대상으로 하고, 공영1종주택(公營1種住宅)은 소득분위 16.3%-33% 미만의 세대를 대상으로 한다(園田眞理子, 1995).

41) 지방주택공급공사가 독자적으로 자금운용을 하여 종신거주를 보증하는 방식은 "입주금 방식"이다. 입주자는 입주 시에 일정기간의 임대료를(선불임대료는 보통 16년분 정도 로 책정되고 있으며 이 기간이 경과한 후에 퇴거하는 경우에는 반환금이 없다(園田眞 理子, 1995) 일괄 지불하고 그 기간이 경과해도 추가임대료는 청구되지 않는다. 퇴 거 시에는 입주금에서 거주기간에 따른 금액을 감액하고 반환된다.

42) "연금방식"은 입주자가 입주 시 임대료에 상당하는 금액의 종신연금보험에 가입하고, 그 보험료를 입주 시에 생명보험회사에 일시에 지불한다. 생명보험회사는 보험금인 연 금을 시니어주택 관리를 담당하는 고령자주택재단1)을 경유하여 공단에 송금한다. 이 체계에 의하여 거주자는 종신동안 임대료지불이 보증되며 시니어주택에서 퇴거하는 경우에는 생존하는 한 보험회사에서 직접 연금을 받을 수 있다(상형종, 1996).

주 후에는 일정액의 관리비[43]와 유료서비스이용료를 지불하게 된다. 또한, 간호시스템을 갖춘 시니어주택에는 일정액의 개호비를 불입하거나 민간보험회사의 간호보험에 가입한다. 만약 간호시스템이 갖추어지지 않은 시니어주택은 개별적으로 재택개호를 받으면 된다.

실버하우징을 건설할 때에는 고령자 생활특성 배려된 설비를 갖추도록 하고 있다. '장수사회대응 주택설계지침'[44]이 제정되어 모든 신축주택에 적용되고 있다. 따라서 실버하우징과 시니어주택은 이 규정에 따라 설비와 공용공간을 갖추어야 한다.

3) 조직적 맥락

노인주택관련 중앙정부는 주택 공급을 담당하는 건설성(建設省, 현 國土交通省, 1999 개편)과 노인복지 전반을 담당하고 있는 후생성(厚生省; 현 厚生勞動省)이 주축이 된다. 대표적인 예가 실버하우징으로 건설은 건설성에서 담당하고 건설 후 복지서비스는 후생성에서 담당한다. 하지만, 노인 거주문제는 지역과 밀착된 문제이므로 지자체[45]가 많은 부분 독자적인 시책을 전개하고

---

43) 임대료와는 별도로 관리비를 내야 하는데, 관리비에는 전기세, 수도료 등의 사용료가 포함되며, 가장 기본적인 긴급대응서비스 등의 기초서비스료가 포함된다.

44) '장수사회대응 주택설계지침'은 1995년 6월에 제정되었으며, 지침은 4개장으로 구성되어 있다. 제1장 총칙은 지침의 목적과 적용범위에 대해 언급하고 있다. 제2장은 주택(집합주택의 경우는 주호전용부분)전반에서 적용될 수 있는 중요한 설계요소에 대한 지침이 제시되어 있다. 그 내용으로는 각 공간별 배치, 단차, 난간(안전손잡이), 통로, 출입구의 폭, 바닥과 벽의 마감, 창호, 설비, 온열환경, 수납공간에 관련된 일반적 지침을 제시하였다. 또한, 주호 각실 계획에서는 주택의 전용부분인 현관, 계단, 화장실, 세면실, 탈의실, 욕실, 침실, 발코니에 적용되는 지침들을 제시하였다. 제3장에서는 집합주택의 옥외공간 및 공용부분 설계지침에 관한 내용을 다루고 있는데, 접근로, 공용계단, 공용복도, 바닥의 마감, 난간, 엘리베이터, 조명설비에 관한 지침들을 제시하였고, 2장에서처럼 보조기준을 통해 상세한 설계기준이나 치수 등을 제안하였다. 제4장에서는 단독주택의 옥외공간 설계지침에 관한 내용으로서 접근로에 관한 지침을 제시하였다(財團法人高齡者住宅財團, 1998).

45) 주민에게 가장 가까운 시정촌(市町寸)이 노인주택문제에 적극적으로 관여하게 된 계기는 1986년 〈지역고령자주택계획수립사업〉 정책 실시 이후이다. 이것은 시정촌이

있다.

실버하우징의 공급주체는 지방공공단체(地方公共団体), 주택·도시정비공단(住宅·都市整備公団),46) 지방주택공급공사(地方住宅供給公社) 등의 공공주체이고, 관리주체는 특별구를 포함한 시정촌이 되며, (재)시니어라이프진흥재단47)에 위탁하기도 한다.

시니어주택은 공공기관과 개인이나 민간사업자가 함께 공급한다.48) 관리주체는 주택을 공급한 지방주택공급회사, (재)시니어라이프진흥재단 등의 공공주체가 관리하는 단지도 있고, 민간관리회사에서 운영하는 곳도 있다.49) 또한, 시니어주택은 국토교통성에서 추진한 사업으로 국토교통성의 시니어주택으로 인정받아야 한다.

실버하우징이 소재한 지자체는 관리인서비스를 제공해야 한다. 실버하우징은 주간서비스센터와 병설, 근접을 의무화하므로 이곳에서 데이센터의 직원이 파견되는 체제로 되어 있다. 30호를 기준으로 LSA(Life Support Advisor; 생활원조원; 生活援助員) 1인이 배치되며, 입주자에게 각종 생활지원을 위한 서비스를 제공하고 있다. 생활원조원은 상주형과 파견형 두 가지로 운영되며, 거주자가 자립적으로 생활할 수 있도록 지원하는 역할을 한다. 신분은 보통 시

주체가 되어 고령사회에 적합한 주택을 건설하고 고령자가 살기 편한 지역의 종합적인 거주환경정비를 목표로 주택·복지라는 단절된 분야가 연대하여 정책을 전개하고 있다. 지자체 차원에서 공급된 주택은 동경도(東京都)에서 공급한 실버피아(Silver Peer, 1987)프로젝트를 예로 들 수 있다.

46) 주택·도시정비공단(住宅·都市整備公団)은 일본주택공단(1955년 설립)과 택지개발공단(1975년 설립)을 통합하여 1981년에 설립되었다. 공단은 도도부현을 넘어 대도시권에서의 주택문제를 해결하기 위한 기관으로 주로 임대주택과 임대용특정분양주택, 장기특별분양주택 등을 건설하고 그와 관련된 공공편익시설의 건설사업과 도시주택환경정비사업 등을 하고 있다.

47) (재)시니어라이프진흥재단〈구 (재)고령자생활진흥재단〉은 주택공급공사와 민간기업이 공동출자하여 설립한 재단이다. 이 조직은 시니어주택 프로젝트를 계기로 하여 만들어 졌으며 주택공급공사로부터 위탁받아 운영관리를 하고 있다.

48) 일본 고령자주택재단 홈페이지에 소개된 시니어주택 12개 중 공급주체가 지방주택공급공사 3, 부동산회사 등 민간주식회사 8, 개인이 1개로 나타났다.

49) 일본 고령자주택재단 홈페이지에 소개된 시니어주택 12개 중 관리주체가 지방주택공급공사 1, (재)시니어라이프진흥재단 2, 주식회사 9개로 나타났다.

설이나 사회복지법인의 직원이며, 자격은 지자체에서 인정해야 한다. 시니어주
택에서 생활원조원은 특별한 명칭이 없으며 자격은 지방주택공사, 지방공사의
재정으로 설립된 법인, 임대주택관리법인 등에서 3년 이상 근무한 경력이 있
는 사람이다.

4) 작업적 맥락

실버하우징의 규모는 다양하나, 대부분 20-30호 정도로 건축된다.[50] 개별
주호는 거실, 부엌 겸 식당, 욕실(세면장)로 구성되며, 공간구성은 원룸, 1DK
형, 2DK형이 보통이다. 고령자의 생활특성에 맞도록 단차의 제거, 난간 설치,
그랩 바의 설치, 응급통보시스템(버튼 타입, 화장실, 욕실, 침실에 설치) 등이
설치되어 있다.

공용공간으로는 보통 생활상담실, 집회실을 계획하도록 하고 있으며, LSA
상주하는 단지는 LSA주택도 함께 계획된다. LSA가 파견되는 단지는 실버하
우징만 있는 것이 아니라 주택의 1개층을 특별노인양호노인홈, 데이서비스센
터, 재택개호지원센터 등을 설치하여 복지서비스를 연계하고 있으며, 일반아파
트와 함께 계획되고 있다.

시니어주택은 실버하우징보다 규모가 크다. 보통 70세대 이상 단지가 많으
며, 100세대, 200세대 이상되는 단지도 있다.[51] 물리적인 기본 공간은 실버
하우징에 준하고 있으며, 실버하우징은 주변의 데이센터와 연계하고 있으나 시
니어주택은 단지 내에 공용공간이 갖추어져 있는 경우가 많다.

시니어주택의 서비스제공은 일괄 제공 방식 또는 일부 서비스를 외부에 위
탁하는 방식이다. 프론트서비스, 긴급대응, 건강상담, 생활상담은 기초서비스
로 제공되며, 입주자가 따로 비용을 부담하는 선택서비스로는 식사서비스, 가

---

50) 1997년 자료에 의하면 가장 작은 단지가 4호(鹿兒島縣이 사업주체로 하여 공급한 단지),
　　가장 규모가 큰 단지는 84호수(대판부 사업주체 農中上新田住宅)로, 보통 단지의 크
　　기는 20-30호가 가장 많은 것으로 분석되었다(財團法人高齡者住宅財團, 1998).
51) (재)고령자주택재단 홈페이지에 소개된 13개 시니어주택 규모는 70세대 미만의 단지
　　가 3개, 70세대 정도(60-80세대)가 5개, 100세대 이상 단지가 5개이다.

사서비스 등이 있다. 또한, 건강한 사람이 입주하기 때문에 입주자의 일상적인
시중이 필요할 경우를 대비한 간호시스템을 갖추고 있다.

5) 상호주관적 맥락

LSA는 복지적·수혜적 차원이 아닌 거주자가 자립적인 생활을 할 수 있도
록 돕는 역할이 요구되고 있다. 이를 위해 생활상담, 일시적 가사보조, 안부
확인, 응급대처, 관계기관과의 연락 등을 하며, 거주자가 개호가 필요하면 개
호보험52) 등 서비스를 이용할 수 있도록 돕는다. 실버하우징은 별도의 손님방
이 없으며, 시니어주택에서는 각종 활동실은 많으나 특별히 자녀 등의 방문자
를 위한 손님방은 그 활용이 낮다.

---

52) 일본의 개호보험이란 거동불편자 등의 요개호상태가 될 때에 대비하여 미리 보험료를
부담하고, 개호가 필요하게 되었을 때 보험자로부터 개호서비스 등의 보험 급부를 받
을 수 있는 사회보험의 하나이다. 2000년부터 시행되었으며, 보험자는 시정촌 및 특
별구, 국가, 도도부현, 의료보험자, 연금보험자 등이 상호 지탱하는 구조로 되어 있
다. 피보험자는 기본적으로 40세 이상인 사람 전원(40세 이상-65세 미만: 제2호 피
보험자 / 65세 이상: 제1호 피보험자)이며, 이들은 보험료를 부담해야 한다(일정요건
에 해당하는 경우 보험료 부담 안함). 개호보험의 기본 원칙은 개인의 자립을 지원하
는 것이므로 재택서비스를 중시한다. 따라서 개호보험재택서비스를 제공하는 기관을
지정 또는 허가하여 운영하도록 하고 있는데, 가능한 서비스는 방문개호(홈헬프), 데
이서비스, 쇼트스테이, 담당의의 의학적 관리, 방문간호, 재활, 휠체어 대여 등, 방문
입욕, 주택개수, 유료노인홈에서의 개호서비스 등이다(김용택, 2001).

제4장 첫 번째 과제 – 노인주택을 새롭게 보자

제4장 첫 번째 과제 - 노인주택을 새롭게 보자

1. 노인주택과 노인시설의 차이

노인만을 위한 거주공간은 오랜 동안 주거(housing)와 보호(care)의 두 가지 큰 흐름 속에서 발전해 오고 있다(Sherman & Forman, 1988). 중요한 쟁점은 보호의 요구와 주거의 요구를 구별해야 하며, 주거의 요구를 충족시키기 위해서는 시설보호가 적절치 않음을 강조하고 있다(이영환, 2001b).

노인공동생활주택은 탈시설화(institutionalization)의 대안으로 영국의 보호주택으로 처음 시작되었다.[53) 보호주택이 시설화의 반대로 시작된 것만큼이나 시설(institution)과 주택(home)에 대한 논의는 현재까지 지속되어 오고 있다(Robinson et als., 1984; Higgins, 1989; Wison, 1990; Regnier, 1994; Imamoglu, 2002).

---

53) Townsend는 1957년부터 5년간 노인홈에 거주하는 노인을 대상으로 조사하여 노인홈 거주자들의 일(역할) 상실, 가족·친구·지역사회와의 분리, 인간관계 단절, 고립과 불안, 프라이버시와 자율성 상실, 자기결정능력의 쇠퇴 등의 경향을 나타낸다는 보고서를 발표하였다(이영환, 2001b). 이에 대한 새로운 노인주거의 대안으로 자립의 유지, 탈시설을 목표로 지나친 보호를 하지 않고 노인들이 자립생활을 유지할 수 있도록 적절한 보호와 쾌적한 거주를 제공하는 형태로 보호주택을 도입할 것을 주장하였다(圓田眞理子, 1995).

〈표 Ⅳ-1〉 Higgins의 시설(institution)과 주택(home)의 차이점

시설 (institutions)	주택 (home)
1. 공공 공간. 프라이버시의 제한	1. 개인적 공간. 가끔 프라이버시의 제한
2. 낯선 다른 사람과 함께 거주 거의 혼자 거주하지 않음	2. 거의 혼자 살거나 친척이나 친구와 거주 낯선 사람과 거주하지 않음
3. 전문 직원이나 자원봉사자들이 근무	3. 일반적으로 직원은 없다. 직원들이 서비스를 제공하기 위해 방문
4. 형식적, 친밀감 부족	4. 비형식적, 친밀한
5. 성관계가 허용되지 않음	5. 가족 간의 성관계가 허용
6. 다른 기관이 소유	6. 거주자가 소유 또는 임차
7. 크기는 다양하지만 대부분 대규모	7. 다양한 크기이지만 대부분 소규모
8. 선택권과 개인적 자유가 제한	8. 선택권과 개인적 자유 행사
9. (사람, 공간 등) 낯섦	9. (사람, 공간 등) 친밀함
10. 공동생활	10. 먹고 자고 여가생활 등 개인적 생활

Higgins(1989). Defining Community Care: Realities and Myths. p.15

영국의 보호주택 2.5형을 미국에 도입하여 활성화된 생활지원주택(assisted living)에서 집과 같은 환경을 창조하기 위해서는 장소에 대한 경험을 증진하도록 해야 하는데, 이것은 프라이버시(privacy), 독립성(independence), 사회적 상호작용(social interaction)과 같은 활동을 통해서 가능하며(Regnier, 1994) 이 외에도 존엄성(dignity), 선택권(choice), 개별성(individuality)과 같은 환경적인 경험이 중요하다(Wilson, 1990).

노인에게 있어서 탈시설화에서 중요하게 부각된 물리적 특성 중의 하나는 노인주택이 집과 같은 분위기를 만들어내는가 하는 것을 강조하고 있으며, 집과 같은 장소는 심리적 안정감을 지지하는데 매우 중요한 요소로 보고되고 있다(Robinson et als., 1984; Regnier, 1994). Regnier(1994)는 미국의 생활지원주택이 집과 같은 분위기를 갖기 위해서는 소규모이며, 집과 같은 외관을 가져야 하는데, 이유는 보다 작은 시각적인 스케일이 집과 같은 느낌을 주기 때문이며, 개별적인 욕실, 침실, 요리 공간도 중요하다고 밝혔다.

노인공동생활주택의 요건에 대한 연구는 집과 같은 환경을 창조하기 위한 디자인과 관리운영 측면을 함께 강조하고 있다(Lemke & Moos, 1986; Cohen & Weisman, 1991). 또한 노인거주자의 자기존엄성과 자기선택권이 있음을

명시하고 있으며(Wisconsin State Department or Human Service & Social Services, 1998), 이와 함께 보호환경과 사회적 상호작용을 강조하고 있다(Lemke & Moos, 1986; Cohen & Weisman, 1991; Regnier, 1994).

〈표 Ⅳ-2〉 노인공동생활주택의 요건

학자 (연도)	구 분	요 건
Lemke & Moos (1986)	물리적 특성	• 편리함 · 안전함
	관리직원	• 직원의 수준 · 직원의 친절함
	보호시스템	• 서비스 · 자율성 · 통제 · 친밀함
	척도: MEAP (Multidimensional Environment Assessment Procedure)	
Cohen & Weisman (1991)	디자인	• 안전성 · 안정성 · 기능적인 활동능력 지원 • 지각력과 방향감각 고양 · 적절한 환경자극 제공
	운영방침	• 긍정적인 사회분위기 개발 • 자율성과 통제력의 극대화 • 변화하는 욕구에의 적응성
	사회적 상호작용	• 건강하고 친숙한 환경에의 연계성 • 프라이버시 욕구 보장
Regnier(1994)	디자인 원칙	• 방향감각 / 길찾기 · 안정성 / 안전성 • 접근성과 기능 · 자극 / 도전 · 감각적 측면 • 친숙성 · 미적 감각 · 개인화 및 적응가능성
	환경적 행위	• 프라이버시 · 사회적 상호작용 · 통제성 • 선택권 / 자율성
Wisconsin State Department or Human & Social Services (1998)	관리운영방안	• 서비스, 비용 산출 근거 등에 대해 미리 설명 들을 권리 • 자신에게 가해지는 치료에 대해 알 권리 • 개인소유물을 보관할 권리 • 자신의 재정관리(연금, 가족의 송금 등)를 스스로 할 권리 • 욕설이나 험담을 듣지 않을 권리 • 자신의 질병에 관한 의무기록을 의료인 외에는 비밀에 부칠 권리 • 다른 사람과 은밀한 대화나 전화, 우편물을 주고받을 권리 • 종교행사나 사회활동에 참여 권리 • 시설 내 동호회(self group) 참여 권리를 명시

이러한 이유로 노인공동생활주택은 요양원의 '의존적 생활'과는 반대되는 '독립적 생활'을 의미하는 것으로 인식되고 있으며(Heywood, et. al., 2002), 이러한 노인공동생활주택은 1960년대와 1970년대에 걸쳐 노인주택의 전형이 되었다(Balchin, 1995). 한편, 노인들은 일반적으로 자기 집에서 자기가 원하는 방식대로 사는 것을 원하기 때문에 이를 뒷받침하는 정책으로 기존의 주거지에서 계속적으로 거주하도록 하는 지역사회보호정책(community care)으로54) 노인들만이 거주하는 노인공동생활주택의 공급은 전환기를 맞고 있는 것 또한 사실이다.

하지만, 지역사회보호가 아무리 강조된다고 하더라도 기존의 자기 집에서 계속 살 수 없는 노인을 위한 주거대안으로 노인공동생활주택은 공급되어야 하며, 또한 자신의 주택이 아닌 보다 안전하고 서비스를 받을 수 있는 곳을 원하는 이들을 위한 주거대안으로 여전히 필요함이 강조되고 있다(Heywood, et. al., 2002). 이것은 허약한 노인들을 시설보호로 충당하기에는 비용이 너무 많이 들뿐만 아니라 노인공동생활주택에서 최대한 자립적으로 살 수 있도록 지원하는 것이 인간적인 배려라는 인식과도 관련되어 있다(Dooghe & Vanden Boer, 1993; Kaye & Monk, 1991; 홍형옥 외 5인, 2004 재인용).

외국의 노인공동생활주택이 시설과 주택에 대한 논의 속에 전개되어 온 것에 비해 국내 학계에서의 학문적 논의는 부족하며, 법률상으로도 주택으로 정립되지 못하고 있는 실정이다. 따라서 노인주택이 대규모 시설적인 운영을 하지 않을 수 없게 접근되고 있으며, 노인의 주거환경으로서 지속적인 거주공간이 되어야 한다는 연속선상에서 보지 못하는 단점을 지닌다.

---

54) 과거에는 많은 노인들이 서비스를 이용받기 위해 새로운 시설이나 주택으로 이동하기를 강요받았으나, 1970년대 후반부터 서구의 노인주택에 대한 기본적인 정책방향은 가능한 오래도록 노인들이 자기 집에서 머물면서 독립적인 생활을 할 수 있도록 지원하는 것이다. 이러한 개념을 미국에서는 aging in place, 영국에서는 staying put, 일본에서는 재가복지(在家福祉)라고 말한다. 이를 위해서는 데이센터(day center)를 중심으로 가사보조서비스(home help service), 간호가정서비스(home nursing service), 건강서비스(health service), 식사서비스(meals-on-wheels), 교통서비스(transportation) 등의 서비스 전달 시스템이 갖추어진다.

2. 우리가 생각하는 노인주택은

현 제도하에 노인주택에 가장 가까운 형태는 복지정책의 일환으로 전개되고 있는 노인복지주택이다. 노인복지주택은 노인에게 분양 또는 임대 등을 통하여 주거의 편의·생활지도·상담 및 안전관리 등 일상생활에 필요한 편의를 제공하는 시설이다. 비용지불방식에서 실비와 유료로 구분되며, 입소조건은 단독취사 등이 가능한 독립생활가능자이다.

〈표 Ⅳ-3〉 노인복지법의 노인주거복지시설의 종류

시 설	설 치 목 적	입 소 대 상 자
양로 시설	노인을 입소시켜 무료 또는 저렴한 요금으로 급식 기타 일상생활에 필요한 편의 제공	생활보장대상노인 또는 생활보장대상노인이 아닌 65세 이상의 자중 그 부양의무자로부터 적절한 부양을 받지 못하는 자로서 일상생활에 지장이 없는 자
실비 양로 시설	노인을 입소시켜 저렴한 요금으로 급식 기타 일상생활에 필요한 편의를 제공	본인 및 그 배우자와 부양의무자의 월소득을 합산한 금액을 가구원수로 나누어 얻은 1인당 월평균 소득액이 통계청장이 고시하는 전년도의 도시근로자가구 월평균 소득을 전년도의 평균 가구원수로 나누어 얻은 1인당 월평균 소득액 이하인 자(이하 "실비보호대상자"라 한다)로서 일상생활에 지장이 없는 65세 이상의 자
유료 양로 시설	노인을 입소시켜 급식 기타 일상생활에 필요한 편의를 제공하고 이에 소요되는 일체의 비용을 입소한 자로부터 수납하여 운영	일상생활에 지장이 없는 60세 이상의 자
실비 노인 복지 주택	보건복지부장관이 정하는 일정소득 이하의 노인에게 저렴한 비용으로 분양 또는 임대 등을 통하여 주거의 편의·생활지도·상담 및 안전관리 등 일상생활에 필요한 편의를 제공	실비보호대상자로서 단독취사 등 독립된 주거 생활을 하는 데 지장이 없는 65세 이상의 자
유료 노인 복지 주택	노인에게 유료로 분양 또는 임대 등을 통하여 주거의 편의·생활지도·상담 및 안전관리 등 일상생활에 필요한 편의를 제공	단독취사 등 독립된 주거생활을 하는 데 지장이 없는 60세 이상의 자

자료: 보건복지부(2005). 노인복지법

우리나라의 주택시장은 과거 주택이 절대적으로 부족한 상황에서 상품적 가치가 지나치게 강조되고 충분한 사회적 합의와 담론을 이끌어내 못함으로써 주택정책방향이 많은 부분에서 병폐를 드러내고 있다. 노인주택도 실버타운(유료 노인복지주택＋노인의료복지시설이 추가된 현태를 기본으로 다양하며 민간공급 노인계획주택에 주로 실버타운의 명칭을 붙이는 경향이 있다)과 같이 소수 고소득층을 겨냥한 상품가치를 중심으로 개발되고 있으며, 정부도 노인주택 공급에 적극적인 정책을 전개하고 있지 않는 상황이다.

이것은 일반인들의 노인주택 개념에 그대로 투영되어 나타나고 있는데, 본 연구의 결과에서 많은 수의 응답자들이 노인주택을 주택으로 인식하기보다는 시설로 인식하는 경향이 강한 것으로 나타나고 있다.

〈그림 Ⅳ-1〉 일반인들의 노인주택 개념

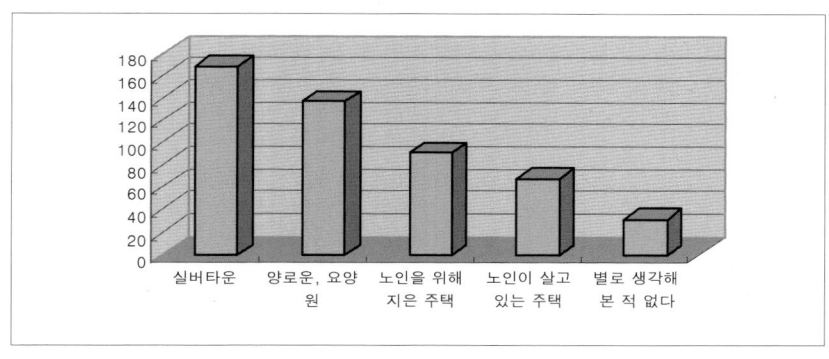

가장 많은 응답이 실버타운과 요양원·양로원이라는 것은 현재 일반인들이 노인주택을 주택이 아닌 시설로 인식하고 있는 문제점을 단적으로 보여준다. 일반인들의 이러한 인식은 이제까지 우리나라의 노인주택이 주택으로 접근된 것이 아니라 복지시설로서 양로원·요양원과 민간에서 영리를 목적으로 하는 시설적인 성격이 강한 실버타운만이 보급되고 있어 일반인들이 노인주택에 대한 다양한 주거경험을 하지 못했기 때문이다.

또한, 그동안 지적되어 온 법률적으로 주택과 시설에 대한 명확한 개념 정립이 되어 있지 않는 것(홍형옥, 1999; 박신영 외 2인, 1999; 최성재, 2002; 박신영·최은희, 2003)도 그 원인으로 작용했다고 볼 수 있다. 현 제도상 주택이 아닌 시설로 개발될 수밖에 없는 상황이며, 민간업체에서도 주거의 의미와 본질을 간과한 채 분양률을 높이기 위해 상업적인 면을 강조한 실버타운이라는 용어를 사용하고 있어 일반인들이 노인주택을 시설로 인식하도록 유도하고 있다.

예비노인은 앞으로 단기간에 급증하게 될 다양하고 새로운 노인주택에 대한 수요자이다. 이들이 노인주택에 대해 현재 어떠한 개념을 하고 있는가에 따라 앞으로 나타날 노인주택의 수요양상을 예측할 수 있을 것이며, 이에 근거해 효율적 대처가 가능할 것이다. 따라서 앞으로 이들 집단이 노인주택을 긍정적으로 인식하도록 유도할 필요가 있다.

3. 노인주택은 주택일 뿐이다.

과연 노인주택이 어떠한 주택인가에 대해서 다양한 정의가 존재하고 있는 것이 사실이다.[55] 본 연구에 참여한 전문가들은 노인주택 개념을 "노인들이 모여 사는 노인의 신체적 조건에 맞게 설계되고 자립적 생활지원서비스를 제공하는 주택"이라는 의견이 가장 우세하였고, 그 다음으로 "각각의 주택유형을 모

---

55)

〈표 Ⅳ-4〉 노인주택에 대한 전문가 견해

구　　분	f(%)
노인들이 모여 사는 주택	2(5.6)
노인들이 모여 사는 주택+노인의 신체적 특성을 반영한 디자인	4(11.1)
노인들이 모여 사는 주택+노인의 신체적 특성을 반영한 디자인+자립적 생활지원 서비스 제공	**21(58.3)**
위의 개념 모두 포함	9(25.0)
계	36(100.0)

두 노인주택"으로 보는 광범위하게 정의하는 견해로 구분된다고 볼 수 있다.
다음은 노인주택을 가장 전형적으로 정의한 사례이다.

> 노인주택은 단순히 노인들만이 모여 살도록 해서는 안 된다. 노인들이 살기에
> 적합하게 설계하고, 이곳에서 본인이 불편하지 않게 서비스까지 제공해야 할 것이
> 다. 그렇지 않으면, 노인이 자립적으로 생활할 수 없다. 이미 고령사회가 된 외국
> 의 경우도 모두 이런 식으로 노인주택을 공급하고 있다(전문가 #18).

  반면, 각각의 모든 유형이 노인주택에 해당된다고 정의하는 경우는 현실적으
로 노인주택을 정의하는 것으로 보인다.

> 현 상황에서 노인주택이 서비스까지 제공하는 것은 불가능하기 때문에 노인들이
> 함께 거주하도록 배려한 주택이면 노인주택이다(전문가 #17).

  앞서 살펴본 바와 같이 일반인들은 노인주택을 시설로 인식하는 비율이 높
은 반면에 전문가들은 노인주택을 주택으로 인식하고 있음을 알 수 있다. 다만
노인주택의 디자인과 서비스에 대해서는 견해 차이를 보였는데 이것은 외국에
서 노인주택의 시작이 디자인과 서비스가 분리되어 시작된 것과 관련하여 노인
주택개념을 초기 상황에 제한하여 인식하기 때문일 것이다. 노인주택에 대한
전문가들의 견해 차이는 앞으로 노인주택 발전에 있어 상당한 전문가적인 합의
가 필요하게 될 가능성을 배제할 수 없다. 또한, 노인주택 개념 설정의 바람직
한 방향이 표류하는 문제를 낳을 수도 있다.
  실버산업은 이미 그 수요가 충분할 것으로 예측하고 있으며, 영리기업과 복
지법인은 앞 다투어 노인주택 건설에 참여하고 있다. 최근 노인주택이 본격적
으로 시장이 확대되고 있는 상황을 고려한다면, "노인주택 개념"에 대해 전문가
의 인식공유가 필요하다. 외국의 경우, 노인주택이 서비스와 디자인이 분리된
형태로 출발하였으나, 현재 디자인과 서비스가 통합된 형태만이 보급되고 있으
며, 간호서비스까지 제공되는 노인공동생활주택의 보급은 노인들을 요양원 등

의 시설보호를 억제하고 있어 그 유용성이 높은 것으로 평가되고 있다. 노인주택에서 서비스를 간과한다면 이것은 노인이 허약해 졌을 때의 상황을 고려하지 않음으로써 제한적인 상태에 머물 수밖에 없다. 따라서 노인주택이란 노인의 신체에 편리하도록 설계되고 서비스가 제공되는 주택으로 디자인과 서비스가 통합된 주택이라는 인식을 공유하도록 유도하는 것이 바람직할 것이다.

또한, 우리의 상황에서는 "노인주택과 시설의 개념 차이"를 규명하는 작업이 매우 중요하다고 생각된다. 본 연구에서 주장하는 "노인주택은 개별주택(독립성 보장) + 선택권 보장"을 동의한 전문가 대부분은 노인주택은 시설과는 다른 주택이라는 것을 강조하였다. "노인주택은 당연히 주택이다"로 규정하고, 시설로 혼용되는 것 자체를 부정하고 당위성에 입각한 이유를 제시하였다.

> 이제 시설은 더 이상 유용성이 없다. 감옥에서 조차도 프라이버시를 보장하기 위해 독방을 주어야 하다는 주장을 하고 있는데, 노인주택은 당연히 프라이버시와 독립성이 보장된 공간을 제공해야 한다. 시설의 주거화가 필요한 시점에서 주택과 시설을 구분해서 군이 시설을 시설처럼 규정해서는 안 될 것이다.(전문가 #16)

이러한 견해는 노인의 거주공간은 당연히 주택으로 제공되어야 한다는 전제를 하는 것이다. 복지선진국인 스웨덴은 서비스 주택과 너싱홈 등을 모두 합법적·행정적·경제적인 관점에서 주택으로 개칭하여(Paulsson, 1996) 그룹홈이나 코하우징으로 바꾸는 작업을 하고 있으며, 이들을 모두 노인들의 주거지(åldreboende)라고 통합 운영하고 있다. 따라서 제3연령기(the third age)의 적극적인 선택권이 있는 노후의 주거대안으로 노인주택은 분명 타율적이고 선택권이 없는 시설(institution)과 구분되어야 하며, 이러한 구분은 노인주택을 또 하나의 주택대안으로 인식하도록 홍보하는 노력으로 이어져야 할 것이다.

* 노인주택과 노인시설주거

노인주택은 개별주택에는 주택의 요건(방, 부엌, 화장실, 욕실)을 갖추고 거주자는 이곳에서 독립된 생활을 할 수 있으며, 공용공간이 함께 갖추어져 이곳에서 각종 프로그램과 서비스가 제공되는 주택으로 이러한 서비스는 노인 스스로 자발적으로 선택하여 이용할 수 있다.

노인시설주거는 양로원처럼 집단숙소의 개념으로 급식서비스 등을 제공받으면서 독립된 생활보다는 정해진 서비스를 모두 똑같이 제공받는 시설로 자율성이 부족한 거주공간이다.

제5장 두 번째 과제 – 관련 법률을 정비하자

제5장 두 번째 과제 - 관련 법률을 정비하자

1. 노인주택 관련 법률의 문제점

현재 우리나라는 주택은 주택법에, 노인복지주택은 노인복지법에 규정되어 있다. 즉, 주택은 주택법에 따라 설치·공급·관리되고 있으며(19세대 미만은 건축법에 적용),[56] 노인복지주택은 복지시설로 구분되어 노인복지법에서 설치·공급·관리에 관한 사항을 규정하고 있다.

---

[56] 주택(단독주택, 공동주택)을 건축할 때는 건축법 허가 또는 주택법에 의한 사업계획승인을 받아야 하는데, 20세대를 기준으로 19세대까지는 건축법에 의한 허가를 받고, 특별히 공급과 관리에 관한 사항을 규제받지 않고 있다. 반면에 20세대 이상은 사업계획승인을 받고, 공급과 관리에 있어서도 주택법시행령, 주택법시행규칙의 규제를 받아야 한다. 이에 관한 구체적인 예로는 사업계획승인을 받고 국민주택기금 융자 등을 이용할 수 있으며, 건축에 있어서 단지 내 도로 확보 등의 규정이 좀더 엄격하게 적용되고, 공급은 청약제도에 준해 공급되어야 하고, 20세대 이상은 임의적 관리대상으로 입주자대표회의 구성 등의 관리의무가 적용된다.

<그림 V-1> 현행 주택·노인주거복지시설 규정 법률

	설치·건축	공급	관리
주 택 구조·형태 **단독주택/공동주택**	**주택법** 20세대 이상: 주택 법 20세대 미만: 건축법	**주택법**	**주택법**
노인주거복지시설 비용: 무료, 실비, 유료 **양로시설/노인복지주택**	**노인복지법**	**노인복지법**	**노인복지법**

엄밀한 의미에서 시설주거는 주택이 아니므로 노인주택에 포함시키는 것이 적합하지 않으나, 아직까지 우리나라에는 외국과 같은 노인주택이 개발되어 있지 않은 상황이므로 노인주거복지시설[57]이 노인들이 공동으로 모여 거주하는 시설이라는 점에서 이를 검토한다. 노인주거복지시설은 양로시설(무료, 실비, 유료)과 노인복지주택(실비, 유료)이 있으며, 이것의 법적 차이는 다음과 같다.

---

57) 노인복지법의 노인복지시설은 다음과 같은 법률적 변화과정을 겪어 왔다. 이중에서 노인을 위한 주거로 이용될 수 있는 것이 양로시설과 노인복지주택이 있다. 처음 양로시설은 무료와 유료 2가지 종류였다가 1989년 노인복지법의 개정되면서 실비양로시설이 추가되어 3가지(무료, 유료, 실비) 형태가 되었다. 또한, 1989년 노인복지주택이 추가되었으며, 1997년에는 양로시설과 노인복지주택이 노인주거복지시설로 분류되고 있다.

<표 V-1>노인복지시설의 법적인 변화과정

1981년 개정	1989년 개정	1997년 개정
양로시설 노인요양시설 **유료양로시설** 노인복지회관	**양로시설** **실비양로시설** 노인요양시설 실비노인요양시설 유료노인요양시설 **유료양로시설** 노인복지회관 **노인복지주택**	**노인주거복지시설** 노인의료복지시설 노인여가복지시설 재가노인복지시설

〈표 V-2〉유료양로시설과 유료노인복지주택의 법적 차이

	유료양로시설	유료노인복지주택
정 의	노인을 입소시켜 급식 기타 일상생활에 필요한 편의를 제공하고 이에 소요되는 일체의 비용을 입소한 자로부터 수납하여 운영	노인에게 유료로 분양 또는 임대 등을 통하여 주거의 편의·생활지도·상담 및 안전관리 등 일상생활에 필요한 편의를 제공
입주조건	일상생활에 지장이 없는 자	단독 취사 등 독립생활가능자
법 규	노인복지법	노인복지법 주택법 (준용)
건설적용 법규	유료양로시설 → 건축법 (건축허가)	유료노인복지주택 → 주택법 (사업계획승인)
건축물 용도	교육연구 및 복지시설(노인복지시설)	노유자시설
설치조건	토지사용권 가능	토지소유권만 인정
규모	5인 이상	30세대 이상
직원배치 기준	시설장 이하 최소 12명	시설장 이하 최소 5인
운영기준	입소자의 신체적·정신적 기능감퇴를 방지하기 위한 훈련 레크리에이션 실시	부대·복리시설 설치 운영 상담지도원 거기 (일상생활원조, 긴급시 대응, 의료기관 연락 등) 필요시 가정봉사원 파견시설과 주간보호시설 활용하도록 연계도모
시설기준*	〈공통 기준〉 거실, 사무실, 의무실, 체력단련실, 식당·조리실, 비상재해대비시설 〈유료노인복지주택과 다른 기준〉 화장실, 세면장·목욕탕, 세탁장·세탁물건조장, 취사실 설치 (유료노인복지주택에는 규정하지 않은 것으로 공용시설임)	〈유료양로시설과 공통 기준〉 거실, 사무실, 의무실, 체력단련실, 식당·조리실, 비상재해대비시설 〈유료양로시설과 다른 기준〉 식료품점, 매점
각 실별 설비기준**	독신, 동거, 합숙용 거실 있음	독신, 동거형만 규정
	(개인)거실에 목욕실·화장실 규정 없음 공동세면장·목욕장 규정에 미끄럽지 않은 바닥, 손잡이, 욕조높이, 급탕온도조절장치 규정 있음	개인거실에 목욕실, 화장실을 두도록 되어 있으나, 양로시설에 규정된 세부지침은 규정 없음
	자취형 거실일 경우 취사설비 규정	취사설비를 반드시 갖추어야 함

주) 현 법령에 차이가 있는 내용을 중심으로 연구자가 정리
 * 구체적인 노인주거복지시설의 시설기준은 〈부록〉 참조
** 구체적인 노인주거복지시설의 각 실별 설비기준은 〈부록〉 참조

1) 개념의 모호성

양로시설과 노인복지주택의 개념차이를 보면, 양로시설은 일상생활에 지장이 없는 자가 거주할 수 있는 공간이다. 노인복지주택은 단독취사 등 독립된 주거생활을 하는 데 지장이 없는 노인이 거주할 수 있도록 규정하여, 시설과 주택의 개념은 단독취사 여부에 따라 구분하고 있다. 소유권방식에 있어 양로시설과 복지주택은 차이가 있는데 양로시설은 분양이 불가능하지만 유료노인복지주택은 분양이 가능하다.

구체적으로 단독취사설비가 시설과 주택의 차이점이라면, 유료노인복지주택은 단독취사를 하고 거주자가 원할 때 공동식사를 할 수 있어야 하지만, 유료노인복지주택으로 허가받은 보리수마을이나 아름다운 은빛 농장은 개인주호에 부엌설비 자체가 갖추어져 있지 않다. 즉, 입주조건에 있는 일상생활가능자와 단독취사 가능자에 대한 정확한 기준이 없다. 또한 주택과 시설에 대한 시설설비조항도 명확하지 않아 제도상 노인복지주택이 있다 해도 실제로는 시설과 주택이라는 단어만 차이가 있을 뿐, 이들은 모두 시설적으로 운영되고 있다. 또한, 건축물의 용도도 주택이 아닌 노유자시설로 규정되어 있다.

2) 설치과정의 복잡성

노인복지주택의 설치과정을 분석하면, 그 설치과정이 매우 복잡한 문제점이 있다. 노인주거복지시설을 전반적으로 규정하는 노인복지법의 하위법령인 노인복지법시행규칙에는 노인주거복지시설 설치[58]에 관한 사항을 규정하고 있다.

---

58) 노인주거복지시설은 시설을 설치하고자 하는 자가 노인복지법의 기준과 관련 건축법령에 맞게 시설을 설치하여 각 시·군·구에 설치신고를 하면, 담당부서에서 설치신고여부를 검토하여 신고필증을 교부하게 되고, 노인주거복지시설로 등록되게 된다.

〈표 V-3〉 노인주거복지시설 설치기준

구 분	양로시설			노인복지주택	
	무 료	실 비	유 료	실 비	유 료
적용법규	노인복지법			(원칙) 노인복지법	
				(예외) 주택법 준용	
설치주체	①정부·지방자치단체		②시·도 지사에게 신고한 자		
설치 신고사항	①노인주거복지시설설치신고서 ③위치도·평면도·설비구조내역서 ⑤토지 및 건물 소유권		②법인(정관, 법인등기부등본) ④입소보증금·이용료·기타비용부 담관계서류		
			⑥. ⑤항의 소유권 대신 토지 및 건물 사용권 가능 (사용권의 포함내용) ▷ 계약당사자는 법인 ▷ 유료양로시설을 위한 것 ▷ 무단 양도·전대금지조항 ▷ 장기간의 임차료 인상방법 ▷ 토지·건물 사용자 우선취 득권		
설치규모	5인 이상			30세대 이상	
시설구조 설비	(1) 일조, 채광, 환기 등 입소자의 보건위생과 재해방지 등을 충분히 고려 (2) 복도, 화장실, 거실 등 입소자가 통상 이용하는 설비는 충분한 공간 확보 및 문턱제거, 손잡이시설 부착, 바닥 미끄럼 방지 등 노인활동 에 편리한 구조 (3) 소화용 기구를 비치. 비상구를 설치(입소자 10인 미만 경우: 시설실 정에 맞게) (4) 문화·체육 부대시설을 설치. 지역사회와의 교류 촉진 위해 외부에 개방하여 운영				
재가노인 복지시설 설치, 운영	지역사회와의 교류를 증진 위해 재가노인복지시설을 병설, 운영하도록 노력				

구 분	양로시설			노인복지주택	
	무 료	실 비	유 료	실 비	유 료
인·허가 보증보험	해당사항 없음	해당사항 없음	가 입*	해당사 항없음	임대형 가입*
입소방식	당사자신청 (시장·군수·구청장 심사)	당사자 간 계약 (분양계약 제외)		당사자 간 계약(분양, 임대)	

인·허가보증보험내용 (유료양로시설, 임대형 유료노인복지주택만 해당): 입소자에 대한 보증금 반환채무의 이행을 보장하기 위하여 입소계약 체결 후 보증금 수납일로부터 10일 이내에 인·허가보증보험에 가입해야 함.
 - 보증내용: 입소자의 입소보증금 반환채무 이행보증－보증가입금액: 입소보증금 합계의 50 / 100 이상
 - 보증가입기간: 보증금 납부일부터 퇴소시까지－보증가입관계: 시장·군수·구청장을 피보험자로 함
 - 보험금 수령방법: 시장·군수·구청장의 확인하에 입소자가 직접 수령함

▨ 양로시설, 노인복지주택 모두 해당

▨ 노인복지주택에만 해당

이 중 노인복지주택의 설치, 관리 사항에 있어 원칙적으로 노인복지법을 적용하고 예외적으로 주택법[59]을 준용하도록 하여 30세대 이상인 유료노인복지주택은 사업계획승인을 받아야 한다. 과거 주택법에 노인공동주택이라는 조항이 있었으나, 법조항이 명확하지 않아 현재는 삭제되었다.[60]

유료노인복지주택은 시·도 지사에게 신고하여 누구든지 설치할 수 있도록 되어 있다. 노인복지법 설치에 관한 사항을 규정하고 있어도 부지매입부터 건축물의 건축까지 노인복지주택이 설치되는 과정은 많은 법률의 적용을 받고 있다.

---

59) 노인복지주택은 주택법 준용을 명시하고 있으나, 이것은 노인복지주택을 주택법을 적용하는 것이 아니라 분양보증과 사업계획승인을 받도록 하기 위한 규정으로, 구체적인 준용규정을 명시하지 않고 있는 문제가 있다.
60) 주택건설촉진법시행규칙 제2조(공급기준 등을 고려한 공동주택의 종류) 제2항에 노인공동주택이란 65세 이상인 자(이하 노인이라 한다) 또는 노인과 동일한 세대의 구성원으로서 노인을 부양하는 자의 거주를 위한 주택이라고 정의하고 있었으나 현재는 삭제되었다.

〈표 V-4〉 유료노인복지주택 설치관련 법제

단계	법조항	적용 내용
설치	〈설치주체〉 노인복지법 제33조 ①항, ②항	① 국가, 지방자치단체 ② 그 외는 시·도 지사에게 신고
	〈설치요건〉 노인복지법 제33조 ③항 노인복지법시행규칙 제16조, 제17조	〈설치신고사항〉 노인주거복지시설설치신고서 법인인 경우 (정관, 법인등기부등본) 위치도·평면도, 설비구조내역서 입소보증금, 이용료, 기타비용부담관계서류 토지 및 건물 소유권 (유료양로시설은 사용권 가능) **시설기준, 인력기준, 운영기준에 적합해야 함**
	〈주택법 준용〉	노인복지시설은 사업계획승인
	〈건축물 용도〉 건축물시행령별표1	교육연구 및 복지시설 (노인복지시설)
	노인복지법 제55조	실비노인주택 및 유료노인복지주택의 건축물 용도는 노유자시설로 봄 (건축법에 대한 특례)
입지	〈지역에서 건축물 제한〉 국토의 이용 및 관리에 관한 법률 제76조	유료노인주거복지시설이 위치할 입지는 해당지역의 용도에 따라 입지여부가 결정되고, 지역에 따라 개별법과 도시계획조례에 따라 다르게 적용된다. 도시지역(주거, 상업, 공업, 녹지): 입지가능 관리지역: 보전관리지역, 생산관리지역 　　　　　 (농지법, 자연환경보전법, 산림법) 농림지역: 개별법 적용여부에 따름 　　　　　 농업진흥지역(농지법) 　　　　　 보전산지(산지관리법) 　　　　　 초지(초지법) 자연환경보전지역: 개별적 적용여부에 따름공원, 공원보호구역 (자연공원법) 　　　　　 상수원보호구역(수도법) 　　　　　 문화재, 천연기념물보호지구역(문화재보호법)
건축	〈시설설비기준〉 노인복지법시행규칙 제17조	① 일조, 채광, 환기 등 보건위생 ② 충분한 공간확보, 손잡이 시설, 바닥 미끄럼 방지 ③ 소화용 기구 비치 (10인 미만은 예외) ④ 부대시설 설치(외부에 개방 운영) 　시설기준 및 각 실별 설비기준 (별표 2)

단 계	법조항	적용 내용
건 축	〈건축기준〉 주택건설기준 등에 관한 기준	노인복지법에 규정된 사항 이외의 건축에 관한 사항은 주택건설기준 등에 관한 기준을 적용받음
	〈주택건설기준 완화〉 주택건설기준 등에 관한 기준 제7조 (적용특례)	① 노인복지주택 주차대수 세대당 0.3대 (아파트: 1대) (전용면적 60㎡ 이하: 0.2대) ② 관리사무소, 가스공급시설, 어린이놀이터, 유치원, 주민운동시설, 경로당 설치 안함
	〈건폐율, 용적률 완화〉 도시계획시설의 결정·구조 및 설치기준에 관한 규칙 제107조, 사회복지사업법 제2조 제3항, 34조	사회복지시설(노인주거복지시설)로 지정된 경우, 건폐율·용적률 완화 적용

주) 해당 법령을 중심으로 연구자가 정리

법률조항은 시설설치에 관한 사항(노인복지법), 입지에 관한 사항(국토의 이용 및 관리에 관한 법률), 건축에 관련된 사항(건축법, 주택건설기준, 노인복지법시행규칙), 그리고 복지시설에 관한 내용(사회복지법)으로 분류할 수 있다. 다양한 법률의 적용을 받기 때문에 시설설치가 매우 복잡한 문제점이 있다.

또한, 노인주거복지시설이 주택이 아닌 복지시설로 규정됨으로써 발생하는 문제점 역시 적지 않다. 주택이 건설될 수 없는 자연녹지 등에 설치가 가능하기 때문에61) 주변편의시설이 전혀 갖추어지지 않은 곳에 입지함으로써 시설이 고립되는 문제점이 있다. 또한, 노인주거복지시설이 사회복지시설지구로 지정되면 건폐율과 용적률이 완화되어 적용된다.

3) 지원제도의 미비

지원제도로 무료·실비 주거복지시설은 공급자에게 시설설치와 운영비를 지

---

61) 한국토지공사와 파주시 관계자는 경기 파주시 통일동산 내에 들어선 1080가구의 '유승앙브와즈'는 노인복지시설로 토지용도가 제한된 땅을 지난 2001년 토공으로부터 평당 51만 원–55만 원에 사들여 평당 최고 540만 원을 받고 지난 5월까지 일반에 분양했다고 밝혔다(파이낸셜 뉴스, 2004-10-12).

원하고 있으나, 유료노인복지시설은 주택이 아니므로 주택건설시 지원되는 융자를 받을 수 없다.[62] 노인복지법에는 지원을 할 수 있다는 임의조항이 규정되어 있다. 현재, 주거복지시설을 설치할 경우 취득세와 등록세가 면제되며, 법인세와 소득세가 감면되고 있다.

〈표 V-5〉 유료노인주거복지시설 공급자 지원제도

법 조 항	내 용
노인복지법 제8조	(노인전용주거시설)국가 또는 지방자치단체는 노인의 주거에 적합한 기능 및 설비를 갖춘 주거용 시설의 공급을 조장하여야 하며, 그 주거용 시설의 공급자에 대하여 적절한 지원을 할 수 있다.
조세특례제한법 제94조	당해 시설 금액에 대한 3/100 과세연도의 소득세 또는 법인세 공제
지방세법 제107조/126조 지방세법시행령 제79조/94조	용도구분에 의한 비과세 대상으로 양로원 등 사회복지사업을 목적으로 하는 단체에게는 취득세와 등록세가 면제된다.

주) 해당 법률 내용을 연구자가 정리

수요자 지원제도를 보면, 생활보호대상자가 이용할 수 있는 무료양로시설은 전액 국가에서 보조하며, 실비보호대상자가 이용하는 실비노인주거시설의 운영비 일부를 국고에서 지원하고 있다. 유료노인주거복지시설은 연령과 건강상태만 제한되고 비용은 입주자가 부담하도록 되어 있다.

---

62) 유료노인복지주거시설의 설치 및 운영에 관한 지원제도를 공급자 측면에서 보면, 시설 설치시 융자제도가 1995년에 노인주거시설과 노인의료시설의 건립자금으로 국민연금기금에서 융자해 주는 제도가 있었으나 노인복지시설에 대한 국민연금기금에서의 융자는 차용시설 측의 운영문제와 이로 인한 융자금 상환에 문제가 발견되어 현재는 중단되었다.

〈표 V-6〉 노인주거복지시설 수요자 지원제도

구 분		양로시설			노인복지주택	
		무 료	실 비	유 료	실 비*	유 료
	연령	65세 이상	65세 이하 부부인 경우 1인만 65세 이상	60세 이하 부부인 경우 1인만 60세 이상	60세 이하 부부인 경우 1인만 60세 이상이면 가능	65세 이하 부부인 경우 1인만 65세 이상이면 가능
	건강상태	일상생활에 지장이 없는 노인	일상생활에 지장이 없는 노인	일상생활에 지장이 없는 노인	단독취사 등 독립된 주거생활을 하는데 지장이 없는 자	단독취사 등 독립된 주거생활을 하는데 지장이 없는 자
입주자격	소득수준	① 기초생활보장수급자 ② 기초생활보장 수급 대상노인이 아닌 자중 생계를 같이 하는 부양의무자로부터 적절한 부양을 받지 못하는 자 ③ 실비대상자입소 가능 입소정원의 95% 미만 시 95%에 달할 때까지 당사자간 계약에 의하여 입소가능. 단 실비 입소대상자 입소인원이 시설정원의 3%를 초과하지 못함	실비보호 대상자*본인 및 배우자와 부양의 무자의 월소득 합산액을 가구 원수로 나눈 월평균소득이 도시근로자가구 1인당 월평균 소득액 이하인 자	없음	실비보호대상자	없음
입소절차		당사자신청→시장·군수·구청장 입소여부결정→6개월마다 부양능력심사하여 입소여부 재결정	당사자간 계약 (분양계약 제외)	당사자간 계약 (분양계약 제외)	당사자간 계약 (임대·분양) 신청자가 많은 경우 우선순위 ① 부양의무자가 없는자 ② 주민등록법상 연령이 많은 자 ③ 배우자와 함께 입소하는 자	
입소보증금		없음	월입소비용의 1년분 이내 퇴소시 즉시 반환	보증금 수납일로 10일 이내 인허가보증보험 가입	-	임대형의 경우 보증금 수납일로 10일 이내 인허가보증보험 가입
입소자모집		-	-	공사진척공정도달 후 입소자 모집**	-	-
이용료지원		- 무료로 이용 - 실비입소자의 경우 비용수납한도액: 270천원	국고에서 일부 지원. 비용수납한도액: 270천원	입주자 부담	-	입주자 부담

* 2002년 3/4분기: 1인당 월평균소득액 827천원
** ① 사회복지법인·비영리법인: 5층 이상 시설 (전체층수의 1/4 이상 층수의 골조공사가 완성된 때)
     5층 미만 시설 (조적공사가 1/2 이상 완성된 때)
   ② 개인. 기업: 5층 이상 시설 (전체층수의 1/2 이상에 해당하는 층수의 골조공사가 완성된 때)
     5층 미만 시설 (조적공사가 완성된 때)
자료: 보건복지부. 2003년도 노인보건복지사업 안내, 노인복지법 시행규칙(2002. 12. 20개정) 내용을 연구자가 정리

4) 관리감독 법률의 부재

현재 유료노인주거시설의 커다란 문제점 중에 하나는 바로 감독이 전혀 되지 않다는 점이다. 법에는 시설현황을 보고하도록 하고 허위 보고시 사업을 정지할 수 있는 규정이 있으나, 그 내용이 형식적이고, 임의규정으로 효력이 없다. 이것은 유료노인복지시설이 설치규정에 따라 신고만 하고, 그 후의 관리에 관한 법제가 없기 때문이다. 이에 대한 피해사례는 유료노인복지주택을 분양만 하고, 부도를 내는 사례부터[63] 노인복지주택으로 허가를 받고 노인이 아닌 일반인에게 분양하는 사례까지,[64] 현재 민간노인주택시장은 관리법제가 정비되지 않아 많은 문제점을 안고 있다.

〈표 Ⅴ-7〉 유료노인주거복지시설 운영관리 관련 법제

법조항	내 용	적 용
노인복지법 제42조 제43조	시설현황에 관한 자료제출	현황보고서 다음해 1월 10일까지 제출 노인주거복지시설 보고사항(별지 제21호 4호서식): 시설종류, 시설명칭 및 소재지, 설치주체, 입소정원, 시설규모(㎡), 종사자수(정원/현원), 전년말입소자수(남, 여) 허위보고, 자료조사 기피시 시도지사는 사업정지·또는 폐지를 명할 수 있다
노인복지법 제32조 노인복지법 시행규칙 제17조	유료양로시설, 임대형 유료노인복지주택 인허가보증보험 가입 (보증금 수납일로부터 10일 이내) 또는 입소자별 전세권·근저당권 설정등기	보증내용: 입소자의 입소보증금 반환채무 이행 보증 보증가입금액: 입소보증금 합계의 100분의 50 이상 보증가입기간: 보증금 납부일부터 퇴소시까지 보증가입관계: 시장·군수·구청장을 피보험자로 함 보증금 수령 방법: 시장·군수·구청장의 확인 하에 입소자가 보험금 직접 수령
노인복지법 제32조	유료노인복지주택 주택법 준용.	분양형: 사업계획승인. 분양보증 받아야 함

주) 노인복지법의 해당 내용을 연구자가 정리

---

63) 이미 부도난 강원도 양양군에 위치한 보리수마을은 양양군이 예산·결산 보고서를 제출하도록 6차례 독촉하고, 감사를 통해 부채 140억에 대한 해소시지를 내렸으나, 이것이 아무런 법적인 강제성이 없으므로 이에 대한 제출은 기피하고, 부도가 난 상태이다. 관리운영주체의 부실은 곧 입주노인에게 그 피해가 돌아갔다(2004년 4월 현장견학).

64) '노인복지주택' 일반아파트로 둔갑: 입주자의 80%가 '노인'과 상관없는 60세 미만인 입주 부적격자인 것으로 밝혀졌고 지금도 젊은 세대들이 속속 입주하고 있지만 단속은 전무하다(파이낸셜뉴스 2004-10-12)

5) 건축기준의 미비

건축기준에는 노인복지법의 기준과 주택법의 주택건설기준65)을 따르도록 되어 있다. 노인복지법시행규칙에는 노인주택에 필요한 건축기준을 제시하고 있지만 다음과 같은 문제가 있다. 첫째, 노인복지주택은 합숙용 거실이 없고 개별 거실에 취사시설 · 목욕 · 세탁시설을 갖추도록 하고 있으나, 양로시설과 노인복지주택이 차이 없이 공급되는 현상으로 이어지고 있다. 둘째, 프라이버시를 보장하기 위한 개별주호에 대한 구체적인 내용이 없다. 법적 용어로 '거실'을 두어 유료노인복지주택의 거실은 사용방식(독거용, 동거용), 채광 · 방습 · 조명설비, 자취형거실 취사설비, 목욕실, 화장실을 두도록 규정하고 있지만, 개별주호와 공용공간에 대한 명확한 구분이 없다. 셋째, 공용공간의 건축기준이 매우 개략적이다. 공용공간에 대한 규정은 갖추어야 할 공간과 그에 따른 조항을 두고 있으나, 그 공용공간의 종류를 나열하는 수준이다. 예를 들어, 체력단련실은 적절한 운동기구 비치, 오락실은 적당한 문화시설과 오락기 구비치 등 전혀 법이 실제 현장에 적용될 수 없는 규정이다. 넷째, 시설 · 설비에 대한 기준이 명확하지 않다. 구체적으로 노인에게 필요한 구체적인 설계기준인 문턱의 없음, 미끄럽지 않은 바닥, 레버형 손잡이 등이 규정되어 있으나, 노인생활에 필요한 제 설비가 모두 갖추어지지 않고 있으며, 세면장과 목욕장에 보조봉 · 수직손잡이 기둥을 설치하도록 하고 있으나, 손잡이 봉의 지름 · 재질 등 실제 건축에 필요한 지침이 전혀 없어 사업자가 실제 건축할 때 전혀 지침으로 활용될 수 없는 문제점이 있다.

---

65) 주택건설기준 등에 관한 규정에서도 노인복지주택의 건설시에는 어린이 놀이터, 유치원, 보육시설 등의 설치를 하지 않아도 되도록 규정하여 노인복지주택 설립에 있어서 현실성을 부여한 부분도 있다.

〈표 V-8〉현 노인주택 관련 법제의 문제점

구 분	문제점
개 념	양로시설과 노인복지주택 개념의 혼돈
공 급	① 주택을 시설로 규정 ② 복지시설로 규정됨으로써 설치상 이점(용적률·건폐율 완화 적용, 주거지역이 아닌 곳에 입지 가능, 법인세·부가가치세 면세 등)이 있음 ③ 복지시설로 규정됨으로써 주택법에서 적용받는 국민주택기금과 같은 융자기회가 제한
관리·서비스	① 노인들의 입주금 보장, 노인이 아닌 일반인들의 입주 등의 사후 안전장치가 미비 ② 운영관리지침과 유지관리지침이 명확하지 않아 노인주택이 관리의 사각지대에 놓임
건 축	① 주택과 시설의 차이가 명확치 않음(주택의 단독취사 가능 조항이 건축현장에 적용안 됨) ② 노인주택에 필요한 공간, 시설·설비에 관한 기준이 제한적으로 제시 ③ 개별거실과 공용공간에 대한 분류체계가 명확히 구분되어 있지 않음 ④ 실제 건축지침으로 활용되기에는 기준이 명확하지 않음

예외적인 사례로 김제노인아파트는 노인복지법이 아닌 건축법에 의해 아파트로 허가받아 국민주택기금 융자를 받아 건축한 후에 노인들이 입주하도록 유료노인복지주택의 공급규정에 따라 노인에게 분양하고, 관리는 민간임대아파트관리회사에 위탁하고 있다. 저렴한 비용으로 노인에게 공급하고 있어 현재 대기자수가 500명에 이르는 것으로 알려지고 있다.[66)]

---

66) 김제노인전용아파트는 교육연구 및 복지시설 내에 설치해서는 안 되는 공동주택을 설치함으로써 건축법 위반으로 관계직원에 대한 감사 및 처벌이 있었으나, 지역 노인들에게 저렴하고 안심할 수 있는 주거공간을 제공하고 있어 성공적이라고 볼 수 있다. 이것은 현재 법률의 문제점을 단적으로 보여주는 예가 된다고 생각되며, 노인주택에 대한 법률정립방향에 좋은 예가 된다고 본다. 현재 이 아파트는 김제노인아파트라고 명명되고 있으며, 건축법상 용도와 건축물 관리대장의 용도가 다르다(2003년 11월 현장견학).

시설명	건축법상 용도	건축물관리대장
노인전용공동주택	교육연구 및 복지시설	공동주택

2. 노인주택 관련 법제 개선방향

1) 법률정립에 대한 전문가의 견해

(1) 주택법과 노인복지법의 적용에 대한 견해

주택법과 노인복지법의 적용에 대한 견해를 조사한 결과[67] "현재 법률대로 노인복지법의 규정을 유지한다"는 전문가는 1명도 나타나지 않아 현 법제의 문제점을 인식하고 있음을 알 수 있다.

설문참여 전문가들은 "분리규정：양로시설은 노인복지법에, 노인주택은 주택법에 규정"한다고 주장을 하였는데, 그 이유는 주택은 주택이라는 신념에서 출발한다. "주택은 주택으로 접근되어야 한다"는 대답이 반복되었는데, 전문가들이 주장하는 노인주택은 복지시설이 아니라 주류주택시장의 다양화를 의미한다고 볼 수 있다. 이러한 주장의 논조에는 노인공동생활주택이 주택으로 정립되어야 주택법의 지원과 통제를 받을 수 있음을 강조하고 있다.

> 노인주택은 노인복지시설이 아닌 주택으로서 새롭게 개념정의를 할 필요가 있다.(전문가 #30). 노인주택은 일반주류주택으로 간주하는 것이 중요하다.(전문가 #19, #27)
> 현행법상 국민주택기금 지원, 사후 관리 등이 효율적으로 운영되기 위해서는 주택법의 체계 속으로 노인주거의 개념이 재정립되어야 한다.(전문가 #8). 주택법

---

67)

〈표 Ⅴ-9〉 전문가의 노인공동생활주택 법률정립에 대한 견해

(n=36)

구 분	f(%)
현행 노인복지법 유지 (노인복지법에 양로시설·노인복지주택 규정 유지)	0(0.0)
노인복지법과 주택법의 분리 규정 (양로시설은 노인복지법, 노인공동생활주택은 주택법에 규정)	18(51.4)
현행 노인복지법 보완 (노인복지법의 양로시설·노인복지주택 규정 보완)	17(48.6)
계	35(100.0)

에 노인주택을 규정하여 국민주택기금을 지원하여 노인문제 해결에 접근해야 한다.(전문가 #15)

또한, 이러한 견해는 노인주택이 주택법의 체계 속에 공급방안이 모색되어야 기존의 주택을 리모델링하여 노인주택으로 개조하는 것과 같은 해결책도 함께 모색될 수 있는 근거가 될 것이라고 보았다.

노인주택은 기존 주택의 개조와 같은 해결책을 모색해야 한다(전문가 #19). 노인주택은 기존 아파트나 연립 등을 약간의 구조변경을 통해 리모델링할 수 있는 시장이 형성되어야 하기 때문에 지나치게 노인복지법에 규제하지 말아야 한다(전문가 #27).

한편, 기타 의견으로 노인복지법과 주택법에 모두 규정하는 의견이 제시되었는데, 이것은 주택과 복지의 성격을 잘 이해하여 "양법의 특성에 따라 상호보완하는 방향을 모색하는 것이 바람직하다(전문가 # 35)"는 소수이지만 주목할 만한 의견도 있었다.

주택과 시설의 구분이 현재 우리나라에서 보이는 한계가 있으므로 법률상에서 개념규정을 해야 한다는 데는 동의하나, 수요자의 주거욕구를 만족시켜 준다는 명제를 고려한다면 이분법적인 구분보다는 주택과 시설의 개념적 구분은 양법에서 모두 수용하되, 이를 각 법률상에서 어떻게 적용해야 할지 고민이 더 필요하다고 본다.(전문가 #35)

노인주택이 주택법에 의한 허가를 받고, 관리는 주택법과 노인복지법에 의한 관리로 이루어져야 한다.(전문가 #15)

주택을 변경해서 노인주택이 될 수 있도록 주택법규 안에서 자유롭게 한 뒤, 노인복지서비스 전달이 되도록 노인복지법상의 관리가 이루어지는 것이 바람직하다.(전문가 #27)

(2) 관리감독에 대한 견해

설문참여 전문가의 노인공동생활주택에 대한 지속적이고 체계적인 관리감독 방안에 대한 견해를 분석한 결과,[68] 대부분이 제도적인 관리감독이 필요하다는 견해를 나타냈다. 관리감독이 절실하다고 견해를 밝힌 전문가 중에는 "노인주택의 부도를 방지하기 위해서는 아예 제도적으로 사업자가 노인주택을 담보로 제공하지 못하도록 해야 한다(전문가 #24)"는 극단의 견해를 피력하기도 하였다.

(3) 건축기준에 대한 견해

건축기준에 관한 전문가 조사 결과[69] 현 건축기준의 문제점을 해결하기 위해서는 건축법 체계 속에 노인주택에 필요한 항목이 새로이 제정되어야 함을 주장하였다. 또한, 노인공동생활주택의 건축기준에서 고려되어야 하는 심신변화대응 설계기준, 공용공간·시설·설비에 관한 기준에 대해서는 대부분의 설문참여 전문가들이 개조가 용이하도록 생애주택 설계를 하는 것이 좋다는 의견을 보였다.

법률정립에 대한 설문참여 전문가 견해의 분석 결과, 이들은 현 법제의 문제가 있다는 일관성 있는 결과를 보여주었다. 그럼에도 불구하고 아직까지 이에 대한 법적인 개선이 이루어지지 않은 것은 노인주택과 노인주거에 관한 충분한 사회적

---

68)

〈표 V-10〉 전문가의 노인공동생활주택의 관리감독에 대한 감독

(n=36)

구 분	f(%)
감독보다는 시장원리에 입각	7(19.4)
보건복지부에 등록 지속적인 감독 받음(주택법에 의한 공동주택으로 의제되면 건설교통부의 주거환경과로 바뀜)	15(41.7)
노인주택관리제도 마련	12(33.3)
기타 (지자체에서 감독)	2(5.6)
계	34(100.0)

69)

〈표 V-11〉 전문가의 노인공동생활주택 건축기준에 대한 견해

(n=36)

구 분	f(%)
노인복지법시행규칙 보완	9(25.0)
건축법, 주택건설기준에 노인주택건설에 필요한 항목 추가	16(44.4)
노인주거생활에 맞는 규모, 공간, 설비기준 새로이 법률 제정	7(19.4)
기타	4(11.1)
계	36(100.0)

인 논의와 쟁점이 합의되지 않은 것이 근본적인 원인이라고 생각된다. 또한, 기존의 양로시설에서 출발한 노인주거복지시설에 대한 제도적 개선에 대한 노력 없이 과거의 관행적인 행정형태가 지속되고 있는 것도 중요 원인이 될 것이다.

2) 노인주택 법률 정립 방향

노인주택을 주택법에 규정해야 하는 당위성에도 불구하고, 이제까지 노인복지법 체제하에 운영되어 온 것은 일반주택처럼 건물만이 아니라 복지서비스가 제공되어야 하는 노인주택의 특수성 때문일 것이다. 따라서 노인공동생활주택의 현 문제점을 개선하기 위한 법률정립방향을 제안하면 다음과 같다.

〈표 Ⅴ-12〉 현 노인주택 법제의 문제점에 따른 법률개선 방향

구 분	문제점	개선방향
개 념	양로시설과 노인복지주택 개념의 혼돈	주택과 시설개념 명확히 구분
공 급	① 주택을 시설로 규정 ② 복지시설로 규정됨으로써 설치상 이점 (용적률·건폐율 완화 적용, 주거지역이 아닌 곳에 입지 가능, 법인세·부가가치세 면제 등)이 있음 ③ 복지시설로 규정됨으로써 주택법에서 적용받는 국민주택기금과 같은 융자기회가 제한 ④ 실비대상자 이외에는 융자 등의 기회가 없음	① 노인주택을 주택으로 규정 ② 복지시설로의 설치상 이점 배제(노인이 거주한다는 이유만으로 용적률·건폐율 완화 불합리, 주거지역에 입지, 저소득 대상 사업자에게 법인세·부가가치세 면제) ③ 주택법에서 적용하는 융자를 요건을 정하여 공급자와 수요자에게 모두 시행
관리·서비스	① 노인들의 입주금 보장, 노인이 아닌 일반인들의 입주 등의 사후 안전장치가 미비 ② 운영관리지침과 유지관리지침이 명확하지 않아 노인주택이 관리의 사각지대에 놓임	① 입주금 보장, 입주 등의 사후 안전장치 제도 마련, 노인만이 거주하도록 규정 ② 운영관리, 유지관리지침 마련
건 축	① 주택과 시설의 차이가 명확치 않음(주택의 단독취사 가능 조항이 건축현장에 적용 안 됨) ② 노인주택에 필요한 공간, 시설·설비에 관한 기준이 제한적으로 제시 ③ 개별거실과 공용공간에 대한 분류체계가 명확히 구분되어 있지 않음	① 집과 같은 물리적 환경 구성하도록 건축기준 마련 ② 노인주택 건축기준을 공간, 시설, 설비로 구분하여 구체적으로 제시 ③ 개별주택과 공용공간 기준 명확히 구분하여 구체적으로 제시

   (1) 노인복지법과 주택법의 상호보완적 적용

   노인주택은 노인이 거주하는 주택으로 일반 주류주택 시장에서 공급되는 주택유형 중의 하나로 공급되어야 한다. 이를 위해서는 법적 개념을 복지시설이 아닌 주택으로 규정하고 주택법과 노인복지법에서 상호보완적으로 적용해야 할 것이다.

   주택법의 공급·관리·건축기준을 적용받아야 받아 복지시설로의 설치상 이점을 배제시켜야 할 것이다. 즉, 노인이 거주한다는 이유만으로 용적률·건폐율 완화 불합리할 뿐만 아니라 주택이기 때문에 주거지역에 입지시켜야 한다. 또한, 법인세·부가가치세 혜택은 저소득층을 위한 노인주택에만 한정적으로 시행하는 것이 바람직할 것이다. 한편, 주택법에 적용되는 제도(사업계획승인, 건축비 융자, 분양보증 등)로 노인주거문제 해결에 접근해야 하며, 수요자 측면에서도 국민주택기금 융자, 소형주택 조세감면 등의 지원제도가 적용되어야 한다.

   공급 후 관리에 있어서는 주택법으로 규정되어 공동주택관리 규정을 받아야 한다. 주택이 건설되고 난 후의 관리는 현재의 공동주택관리제도를 적용하여 건물유지관리와 안전관리에 관한 사항을 규제하여야 할 것이다. 또한, 노인복지법을 보완·적용하여 기존의 서비스 전달체계 속에 노인공동생활주택을 포함시켜야 할 것이다. 위와 같은 내용의 법률정립방향을 도식화하면 〈그림 2〉와 같다.

〈그림 Ⅴ-2〉 노인공동생활주택 법률 정립 방향

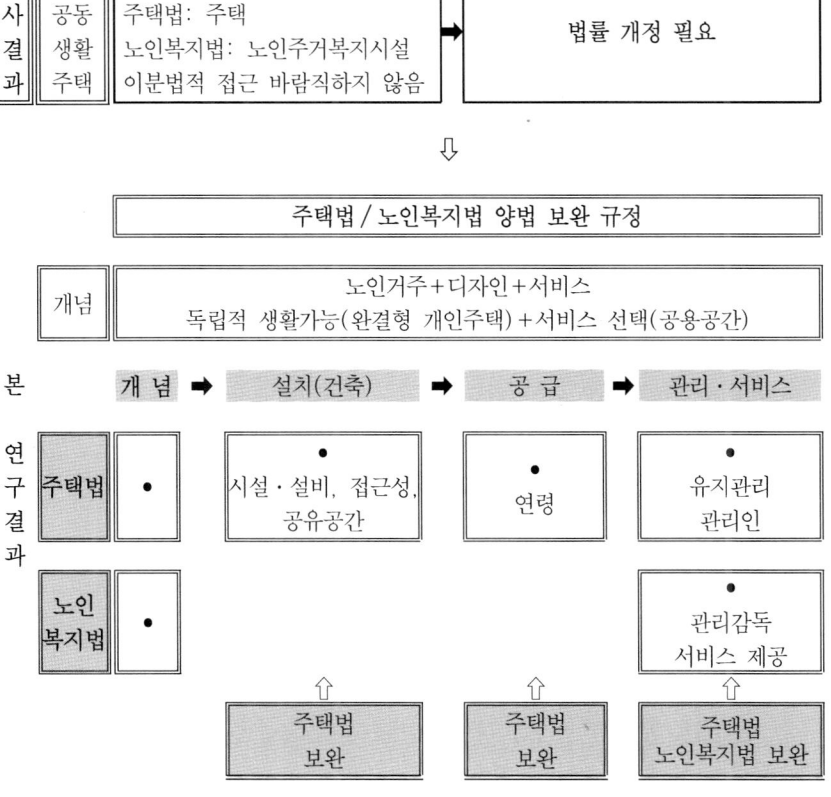

(2) 관리감독법제 마련

　관리감독에 있어서 노인공동생활주택이 노인에게만 공급될 수 있도록 공급규정도 제정하여 노인공동생활주택을 자녀나 친척이 소유하더라도 거주는 노인만이 거주할 수 있도록 해야 할 것이다. 또한, 주택법의 유지관리기준과 함께 노인복지법의 서비스 규정을 동시에 관리감독해야 할 것이다. 이를 위해서는 노인복지법을 보완·적용하여 기존의 서비스 전달체계 속에 노인공동생활주택을 포함시켜 지역사회 내에 있는 노인종합복지관 등의 기존 복지시설을 활용하고 서비스 등을 이용할 수 있어야 한다.

노인공동생활주택 보급을 전적으로 민간에 맡기고 있는 미국[70]의 경우도 기본적으로 행정기관의 허가를 받아야 노인주거서비스를 제공할 수 있으며, 이에 대해서도 시설의 물리적인 측면과 운영관리적인 측면을 매년 정기검사하고 위반시에는 면허를 취소하는 제도로 운영한다. 이로서 민간업자들이 노인주택 사업을 하기 위해서는 법에 규정된 사항을 지킬 수밖에 없는 토대를 만들고 있다. 노인공동생활주택의 관리감독과 시장원리는 대립되는 이분법적 개념이라기보다는 일종의 연속선상에서 존재하는 제도와 경제원리의 개념을 적용하여 다양한 노인주택이 안전하게 개발관리될 수 있는 환경을 조성하는 것이 가장 바람직할 것이다.

(3) 건축기준 마련

건축기준은 주택법을 적용받아 주변 편의시설이 갖추어진 주거지역에 입지해야 한다. 이 경우 노인주택의 공급·관리·건축기준(시설설비기준, 접근성기준, 공유공간기준, 공급기준, 관리인기준 등)은 별도로 추가되어야 할 것이다. 또한, 노인주택 설계기준에 따라 양질의 주택을 제공하는 사업자에게는 이에 대한 지원을 정비하는 방향으로 정책이 정비되어야 한다. 심신변화대응기준은 초기 건축자금이 많이 들더라도 개조가 용이한 생애주택(Life-Time Home) 개념[71]을 적용하는 것이 가장 바람직할 것이다. 고소득층이 입주하는 노인주택은 이러한 설계기준에 맞게 건축이 되겠지만, 그 이하의 계층이 입주하는 주

---

70) 미국의 생활지원주택(assisted living)은 대부분의 주에서 허가를 받도록 요구하고 있으며, 주마다 다르다(Licensing of Care Program). 캘리포니아 주는 RCFE (Residential Care Facilities for the Elderly) 허가를 받아야 한다. 그 내용은 1항에서는 관련 용어에 대한 정의, 2항에서는 허가(Licence)관련, 3항 적용절차, 4항 행정실행, 5항 강제조항, 6항 지속조건, 7항 물리적 환경, 8항 부수적인 의료서비스, 9장 면허와 관리자 인증에 관한 내용을 포함한다(State of California, 2000).

71) 생애주택(life-time home)설계란 영국의 Joseph Rowntree Foundation재단에 의해 개발된 것으로, 주택에서의 이동에 제약이 있는 사람들을 위해 접근성과 편안함을 향상시키기 위한 디자인 특성을 규정한 지침이다. 어린이부터 노인에 이르기까지 미래에 있을 수 있는 개조사항을 고려한 것이 그 특징이다. 생애주택지침은 총 16가지로 이루어졌다.〈자료: http://www.jrf.org.uk〉

택은 현재에도 그 시설기준이 노인들이 거주하기에 매우 열악하다는 문제점이 있다. 영국, 미국, 일본의 선진국은 노인주택에 추가되는 시설설치비를 보조하여 노인주택의 디자인을 일정수준 이상으로 유지하는 제도가 시행되고 있다. 수익성을 추구하는 민간시장에 노인주택을 맡기고 관리가 소홀하게 되면 고소득층이 아닌 중층과 하층에게 공급되는 주택은 시설·설비를 제대로 갖추지 않고, 노인이 살기에 적합하지 않은 디자인이 될 수밖에 없음을 감안하여 철저한 제도개발이 필요할 것이다.

제**6**장 세 번째 과제 – 지역사회 속에 존재한다

제6장 세 번째 과제 - 지역사회 속에 존재한다

1. 노인주택과 지역사회연계의 중요성

노인공동생활주택에서 무엇보다 중요한 것은 바로 지역사회개방이다. 이것은 가능한 한 노인을 그들이 기존의 주거지에 거주하도록 하는 지역사회보호와도 연결되는데, Clapham & Munro(1988)는 영국의 보호주택(sheltered housing)이 앞으로 발전해 나가기 위해서는 반드시 보호주택의 공용시설을 지역 커뮤니티 자원으로 이용해야 함을 지적하고 있다.

지역사회 속에서의 사회적 지원은 주로 배우자, 자녀와 친척, 그리고 친구들로부터 받게 되는데(Kaye & Monk, 1991; Lee, 1985), 이는 노인들의 심리적 안정에도 큰 영향을 미치는 요인이다. 연구에 의하면, 자녀와의 관계에서 문제가 있거나 혼자이거나 친구가 없거나 지지를 받을 이웃이 없는 경우 불만족하게 되고 이는 곧 우울과 연관된다고 밝히고 있다(Prince et al., 1997).

사회적인 지원은 곧 정신건강으로 연결되어 노인 스스로 요리를 할 수 있도록 도와주는 것과 같은 방법의 사회적 네트워크는 노인 스스로 잘 지낼 수 있도록 돕는다(Auslander & Litwin, 1991). 보호주택 거주자들은 지원시스템과의 관계가 변화될 경우 불행함을 느끼게 된다(Young, 1993; Field, et. al., 2002 재인용). 우울 성향이 있는 사람들은 그렇지 않은 사람들보다 방문자가 적은 것으로 나타났으며(Walker, et. al., 1998), 지원 네트워크가 제한된 노인들은 그렇지 않은 노인들보다 신체적 건강이 좋지 않으며 보호주택에 대한 호의적인 경험도 적은 것으로 증명되었다(Field, et al., 2002).

지역사회와의 네트워크는 관리인의 역할과도 매우 밀접한 연관이 있는데, Field팀(2002)은 관리인은 주로 쇼핑, 아플 때 간병서비스, 편지 부쳐주기, 공적 서류를 설명하고 작성해 주기 등의 일을 하는데, 관리인이 이보다 더 많은 일을 하기를 원하는 사람들은 주로 개인적 또는 자기중심적인 네트워크를 형성하고 있으며, 다른 사람으로부터의 지원이 적다고 주장하였다. 따라서 노인공동생활주택은 주택이 고립되지 않도록 사회적 상호작용을 할 수 있어야 하며, 그 네트워크의 형성에 있어 그 질도 중요하다.

2. 노인주택의 지역사회 연계 실태

우리나라는 보건복지부에서 의료·소득·주거시설을 통괄하고 있다. 정부의 시책은 보건복지부에서 각 광역지자체로 업무이관이 되고, 지방자치단체의 노인복지업무는 구 단위의 주민복지국, 사회복지과를 거쳐 동단위의 사회복지전문요원에게 연결되어 대상노인에게 서비스가 전달되는 행정시스템을 갖추고 있다.

우리나라 노인주택의 지역사회 내에서의 서비스 전달체계는 노인주거복지시설을 설치할 때 자체적으로 노인 건강에 필요한 부대시설을 설치하고, 재가노인복지시설을 설치·운영할 것을 권장하고 있다. 이것은 지역사회 속에서 노인주거복지시설을 개방하기보다는 단지 내에 필요 시설과 서비스를 제공할 수 있도록 함으로써 폐쇄적으로 운영될 수밖에 없는 법조항이 되고 있다.

〈그림 Ⅵ-1〉 노인주거복지시설 관련행정조직 및 서비스전달체계

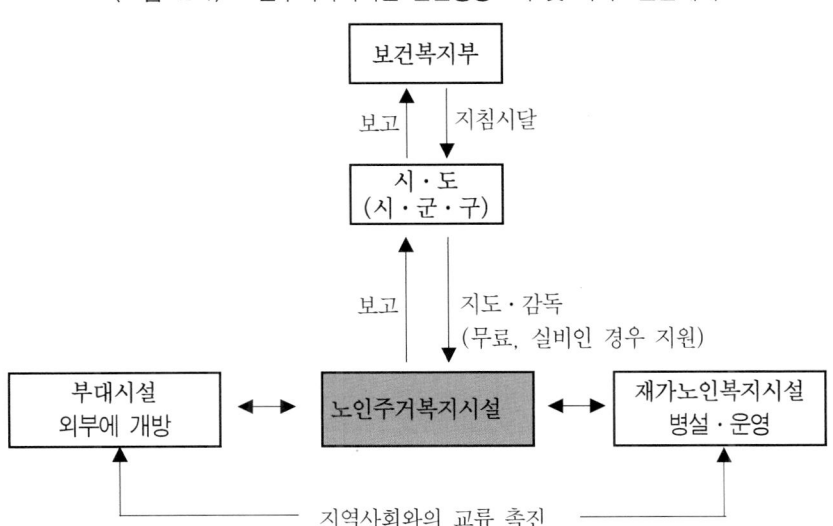

3. 노인주택의 지역사회 연계 방안

　노인공동생활주택의 지역적 고립을 방지하기 위한 방안으로 수요자의 노인공동생활주택에서의 지역사회연계에 대한 견해를 조사한 결과, 지역사회연계를 위한 단지개방과 외부사람들의 단지 유입에 모두 긍정적인 견해를 보이고 있어 노인주택의 지역사회연계는 성공적으로 거주자들에게 수용될 수 있을 것이다.

　여기에서 우리가 간과해서 안 되는 점은 거주자의 개인적인 가족상황(배우자동거여부)과 직업과 같은 요소뿐만이 아니라 주거특성과 같은 물리적 특성은 지역사회연계방안에서 고려해야 할 요소라는 점이다. 이러한 점들은 실제 관리현장에서 섬세하게 고려하여 지역 상황에 맞는 지역사회연계방안이 운영되어야 할 것이다.

〈표 VI-1〉 일반인의 노인공동생활주택 지역사회 연계에 대한 견해

n=498

지역사회 연계	전혀 좋지 않음 f(%)	좋지 않음 f(%)	좋 음 f(%)	매우 좋음 f(%)	계 f(%)	평 균
공용공간을 외부에 개방하여 지역주민이 이용	10 (2.0)	85 (17.3)	254 (51.6)	143 (29.1)	492 (100.0)	3.08
노인이 가진 지식 주변어린이 에게 강좌 (무료 또는 저렴)	4 (0.8)	21 (4.3)	318 (64.4)	151 (30.6)	494 (100.0)	3.25
단지 내 프로그램 개방하여 지역주민도 함께 이용	1 (0.2)	65 (13.2)	278 (56.6)	147 (29.9)	491 (100.0)	3.16
지역 대학, 노인종합복지관의 프로그램 쉽게 이용	1 (0.2)	37 (7.5)	284 (57.8)	169 (34.4)	491 (100.0)	3.26
자원봉사자 프로그램운영하여 지역사람들이 단지 내 자주 방문	9 (1.8)	58 (11.8)	267 (54.4)	157 (32.0)	491 (100.0)	3.16
노인 스스로 주변에 자원봉사 활동	16 (3.2)	65 (13.2)	257 (52.1)	155 (31.4)	493 (100.0)	3.12

1) 4점 척도. 응답빈도가 가장 많은 항목에 음영처리함

1) 지역사회연계서비스 개발 방향

본 연구어서 제안한 서비스 유형은 선행연구와 외국의 실태를 근거로 하여, 1형·2형·3형으로 제안하였다. 1형은 응급경보장치만 있는 경우, 2형은 응급 경보장치와 관리인·공용공간이 있는 경우, 3형은 2형에 식사 등의 생활지원 서비스와 건강서비스가 있는 경우로 분류하여 제시하였다.[72] 본 연구에 참여

72)

〈표 VI-2〉 노인공동생활주택 지역사회연계서비스 개발 방향

(=36)

구 분	f(%)
(1형) : 응급경보장치 (2형) : (1형)+관리인+공용공간 (3형) : (2형)+생활지원서비스+건강서비스	
(1형), (2형), (3형) 각각 동시 개발	12(33.3)
(2형) 위주로 개발/여기에 (3형) 서비스 제공	14(38.9)
시작단계이므로 (1형)와 (2형)만 개발	1(2.8)
처음부터 서비스가 충분히 제공되는 (3)형으로 개발	8(22.2)
기타	1(2.8)
계	36(100.0)

한 전문가들은 노인공동생활주택의 서비스 개발방향을 '2형 위주로 개발하고 3형까지 서비스 제공'이 가장 많았으며(38.9%), 그 다음으로 '1형·2형·3형을 각각 동시에 개발'한다(33.3%)는 응답이 많았다. '처음부터 서비스를 충분히 제공하는 3형으로 개발 견해'는 22.2%로 견해가 조사되었다.

1형과 2형만 개발한다는 의견은 불과 1명에 불과한 것으로 나타나 조사대상 전문가는 3형의 서비스가 제공되어야 한다는 데에 일치하는 견해는 보이는 것으로 나타났다. 다만 세 가지 유형을 각각 개발해야 할지, 2형으로 개발하고 3형서비스를 제공할지, 서비스가 충분한 3형으로 개발할지에 대한 견해가 나뉠 수 있다.

'1형·2형·3형을 각각 개발하는 것이 좋다'는 견해의 이유는 비용을 들고 있다. 서비스가 충분히 제공되면 좋지만 노인주택의 서비스는 곧 비용과 연관되는데 누가 비용을 댈 수 있는가 하는 지극히 현실적인 원인을 말했다. 이들은 노인주택에서의 제반 서비스와 비용의 상관관계를 직시하고 있으며, 우리나라가 유럽과 같은 복지국가가 아니라는 점 또한 너무도 잘 파악하고 있었다. 역설적으로 이들 전문가들은 노인주택의 서비스가 매우 중요하지만 이것이 비용과 연관된다는 강박관념을 가지고 있는 듯 하다. 따라서 이들은 서비스 유형에 따른 각각의 주택을 개발하여 다양한 상황에 처한 노인들이 그에 맞게 거주하도록 하는 것이 현실적이라고 판단할 수 있다.

반면 '처음부터 서비스가 충분한 3형으로 개발'이 좋다는 견해의 이유로는 노인공동생활주택으로 한번 이사를 하면 종신거주가 보장되어야 한다는 노인심리를 배려한 견해를 피력하였다. 이들 전문가들은 노인들은 자신의 건강악화를 인정하지 않으려 하며, 건강악화로 1형에서 2형으로, 2형에서 3형으로 이동해야만 하는 이동자체는 노인에게 커다란 정신적 쇼크로 연결될 수 있다는 가능성에 주의하였다.

노인주택은 돌아갈 때까지 거주가 보장되는 영구 거주의 개념이 필요하다.(전문가 #19).

본인이 건강이 안 좋은 것은 알지만 절대 이동하려고 하지 않는다. 본인의 건강악화를 인정하기 싫어한다.(전문가 # 26)

영국의 경우 1형과 2형이 분리되어 시작된 보호주택이 현재는 서비스의 요구

에 의해 2.5형이 등장하고 있으며, 미국에서도 간호서비스까지 제공되는 생활지
원주택이 급속히 확산되고 있는 추세이다(Butler, 1986; Tinker, 1989). 또
한, 뒤 늦게 노인공동생활주택을 개발하고 있는 일본은 서비스가 부대되는 형태
로만 개발하고 있다. 외국의 선례는 우리나라에서 고령화가 진행될수록 노인공
동생활주택에서의 서비스가 점점 요구될 것이라는 것을 예측하게 해준다.

따라서 비용과 서비스의 관계 속에서 노인공동생활주택의 서비스 제공은 현
실적이면서도 이상적인 방향이 모색되는 것이 필요하다고 하겠다. '2형개발+3
형서비스제공' 방식으로(홍형옥, 1999) 노인공동생활주택의 서비스를 개발하
게 되면, 노인 거주자들은 평소에는 자립적으로 생활하다가 식사나 가사일 등
의 지원이 필요할 때 서비스를 이용할 수 있을 것이다. 24시간 보호가 필요한
경우를 제외하고는(요양원) 노인이 노인공동생활주택으로 이사하여 종신도록
안정된 주거생활이 가능할 것이다.

2) 지역단위서비스 전달체계 확립

"2형 개발에 3형서비스 제공"을 구축하기 위해 우선적으로 정비되어야 하는
서비스 전달전달시스템은 바로 지역단위 서비스 시스템이다. '단지 내 관리인
1인+구역별 자치적 서비스 시스템(구역별 인력 확보)갖춤+비용 분담'하는 것
이 좋다는 의견이 가장 많았다(55.6%). 단지 내 관리인 1인이 있고, 서비스
필요시 관리인이 계획하여 제공하고 입주자들이 비용을 부담하는 형태로 운영
한다(22.2%), 관리인 1인+지자체가 노인종합복지관을 활용하여 지역단위 서
비스 시스템을 갖춘다(16.7%) 순으로 견해를 보였다.

노인공동생활주택의 서비스가 배달되는 방식이 개인이 알아서 하는 것이 바
람직한가? '노인주택의 서비스 전달은 지역사회 속에서 통합되는 것이 중요하
다는 의견은(전문가 #19)' 앞으로 "지역사회 속의 노인공동생활주택"에 대한
논의의 필요성을 재고하게 한다.

노인이 기능장애가 허약성이 있더라도 혼자 지역사회에서 생활할 수 있도록 최대한

의 환경을 조성하는 것이 필요하고, 그러한 환경조성의 가장 중요한 사항은 주거조건
이다. 노인이 지역사회에서 생활하게 하는 정책을 펼치는 것이 대단히 중요한데, 현재
정부나 주택건설사는 이러한 점을 거의 고려하지 못하는 문제점이 있다.(전문가 #34)

영국의 경우 이제는 노인들의 거주공간으로 보호주택은 좋은 디자인과 서비스
를 넘어서 지역 간의 교류, 사회적인 교류를 지지할 수 시스템으로 운영되도록 새로
운 운영방안이 모색되어야 하는 주장이 제기되고 있으며(Clapham & Munro,
1982; Clapham, 2000), 복지선진국인 스웨덴은 기초자치단체 구역 내에서
노인전용주거시설에 거주할 노인을 대상으로 소규모 노인주택[73]에 거주할 수 있
도록 하고 있다. 각 지방자치단체마다 지역의 데이 센터(Day Center)를 거점으
로 재택보호의 지역망(network) 혹은 지역 시스템(local system)을 형성하여
코오디네이터(cordinator)를 중심으로 노인에 대한 서비스를 제공하고 있다.
소규모 노인공동생활주택의 지역단위 서비스 시스템은 민간차원에서 구역별
자치적인 관리시스템 연결이 바람직하다고 보인다. 민간의 자치적인 지역단위
시스템은 기존에 있는 공적인 기관인 노인종합복지관과 유기적으로 연계되어,
지역별로 노인거주자를 위한 서비스 연결망의 공공과 민간의 역할이 상호 보완
적으로 수행되는 것이 바람직할 것이다. 노인공동생활주택에서의 지역단위서비
스 전달 체계의 구축은 노인공동생활주택의 성패 여부를 보여줄 것이다.

3) 응급대처시스템 확립

응급대처시스템에 대해서는 병원·보건소 연계하여 응급시 대처하는 것과 119

---

73) 1960년대까지만 해도 노인홈은 대부분 인구 30만 명 단위에 1개소씩을 설치하여
200-300명 이상을 수용할 수 있는 큰 규모가 주류를 이루어 왔으나, 노인주택에 대
한 책임을 기초자치단체가 갖게 되면서 읍·면·동 단위에 1개씩 짓고, 소규모로 전
환하고 있다. 소규모로 전환하는 또 다른 이유로는 대규모의 시설에서 많은 노인들의
욕구를 충족시키기 어려우며, 큰 규모의 집단생활에서는 개인의 사생활(privacy)에
대한 침해가 불가피할 뿐 아니라 가족적인 분위기를 보장받기 어렵기 때문이다. 기존
의 서비스주택, 노인홈, 너싱홈을 개조할 때에도 공간기준이 높기 때문에 2개의 아파
트가 1개의 아파트로 되는 등 아파트의 총수가 줄어들게 된다.

연계하여 응급시 긴급출동 시스템을 연계하는 것이 바람직하다. 이 두 가지 방법은 언제 응급상황이 올지 모르는 노인에게 무엇보다 중요한 시스템이다. 또한 이 두 가지 방법이 함께 이루어질 수 있는 시스템이 구축되는 것이 더 바람직하다.

　　노인공동생활주택의 서비스에서 병원·보건과 연계와 119응급센터와 연계되는 것은 어느 하나만의 방법만을 고집하는 것은 너무 경직된 사고인 것 같다.(전문가 #6)

　　병원 보건소와 119응급센터와의 연락을 함께 제공한다고 생각하는 것은 어떨까.(전문가 #31)

　　노인공동생활주택에서 독립적으로 살다가 서비스가 더 필요해질 경우를 대비하여 노인공동생활주택을 개발할 때 노인의료서비스시설을 가까이 두는 게 좋다.(전문가 #51)

응급시 대처시스템이 긴밀하게 병원·보건소·119와 연계되는 것에 반대하지 않지만, 노인의 응급상황을 적절히 대처하기 위해서는 평소에 병력관리가 중요하다는 견해를 피력한 유일한 전문가(전문가 #26)는 다음과 같은 자신의 견해를 설명하였다.

　　응급시 가장 중요한 것은 노인거주자의 평소 병력을 알고 있어야 한다는 점이다. 무선호출기에 의해 위급시 바로 간호사실로 연락이 되면, 간호사실에서 거주자의 병력을 살피고, 평소 갖고 있던 병력에 따른 응급처치를 하는 시스템이 갖추어 져야 한다. 예를 들어, 당료를 앓고 있는 사람이 갑자기 쓰러지면, 다른 처방보다 설탕 한 스푼이 사람 생명을 좌우하게 되기 때문이다.(전문가 #26)

4) 건강악화시 대처시스템

노인공동생활주택 거주자의 건강악화시 대처시스템에 대한 견해는 입주자에게 요양원 등으로 이사를 권유(가족에게 알림)(8.3%)보다는 근처 요양원과 연계시스템을 갖추어 거주의 연속성을 보장해야 한다(88.6%)는 견해를 보였다.

대다수의 전문가들은 노인주택에서의 거주가 영구적으로 보장되는 시스템이 중요하다는 견해를 피력하였다. 다음은 영구거주를 주장하는 가장 전형적인 사례이다.

> 노인주택은 돌아가 때까지 영주 거주의 개념이 필요하다. 허약해 졌을 경우 관리인이 각 지역에 위치하고 있는 도립병원, 시립병원 등과 연계하여 치료요양 후 다시 복귀를 전제로 한 주택을 제공해야 한다.(전문가 #19)

> 노인 거주자들이 건강이 악화되어 개인주택에 살다가 요양원으로 이사는 바람직하지 않다. 그래서 우리가 운영하는 방식은 요양원에서의 치료와 개인주택에서의 거주를 함께 하는 방안을 취하고 있다.(전문가 #26).

이것은 하나의 주택만이 존재하는 것이 아니라 허약한 노인들이 거주하는 노인홈과 간호가 필요한 그룹홈을 함께 운영하거나[74] 또는 개발주체가 완전히 자립적인 노인들이 함께 모여서 스스로 자치관리해 나가는 시니어 코하우징(senior co-housing)과 보호와 간호가 필요한 노인을 위한 너싱홈(nursing home)을 하나의 건물 내에 개발하는 경우[75] 등이 이에 해당한다. 또한 치매노인을 위한 개선된 노인홈과 자립적인 노인을 위한 시니어코하우징[76]에 대한 새로운 논의가

---

74) 비욜라 노인주택(Bjöla Aldreboende): Tynnered시(Götebory municipaity)에서 직접 운영하는 노인주거. 2002년 오픈. 총 3층 건물. 64개의 주호가 있다. 1층에는 공용공간이 있고, 2층에 위치한 32주호는 허약한 노인을 위한 주택(old people's home type)이 있고, 3층 32주호는 치매환자를 위한 그룹홈이 함께 구성되었다. 주택은 소규모로 8주호씩 단위를 나누어서 운영하고 있었다(2003년 8월 현장 답사).

75) 피스케백 노인주택(Fiskebäcks Aldreboende): Tynnered시에 위치. Actica Omsorg(민간)회사가 소유하고 관리하는 노인주택. 공장을 10년 전에 노인홈(old people's home)으로 개조. 노인홈, 치매노인 그룹홈, 시니어 코하우징이 함께 한 건물에 있음. 노인홈과 그룹홈은 회사에서 직접 관리하고, 시니어 코하우징은 분양하여 입주자들이 자치관리하고 있음(2003년 8월 현장 답사). 이러한 주거유형은 대규모의 단지에서 건강이 악화되면 단지 내 이동할 수 있는 미국의 CCRC에서처럼 소규모 주택단지 내에서 건강할 때는 코하우징에 거주하다가 건강이 악화되면서 노인홈, 그룹홈으로 주거공간을 이동하면서 자신이 지속적으로 살아왔던 주택 내에서 계속적으로 살아갈 수 있는 시스템이 될 수 있을 것이다(2003년 8월 현장답사).

76) Fyren: 시니어 코하우징형식으로 개발된 노인아파트. 7층 아파트로 1층에는 공동세

계속되는 상황이다.

우리나라의 경우도 유료양로시설 1호로 출발한 유당마을은 처음에는 유료양로시설만을 운영하였으나, 시설을 개원하지 10년 정도 지난 지금은 처음 입주한 노인들의 건강상태가 많이 안 좋아져서, 단지 내 요양원을 새로이 허가받아 요양원과 유료양로시설을 함께 운영하고 있다.

자립적 生活을 기본 원칙으로 하는 노인공동생활주택은 건강악화시에 대비하는 것에 주목해야 할 것이며, 전문가들은 이 경우 무엇보다 거주자 자신의 의견이 존중되어야 할 것이라는 점도 놓치지 않았다.

5) 관리구역의 소규모화

넷째, 노인공동생활주택의 관리구역 세분화에 대한 견해를 조사한 결과

전문가들은 관리구역세분화에 대해 단지 상황에 따라 신축성 있게 적용해야 한다는 견해가 가장 많았으며(69.4%), 비용이 들더라도 꼭 그렇게 해야 한다는 견해는 일부에 불과하였다(11.1%). 또한, 개별 주택과 연락체계를 확실히 갖추면 그렇게 할 필요는 없다는 견해도 조사되었다(11.1%).

전문가들의 단지 상황에 따라 신축적으로 적용해야 한다는 이유는 경제성이 없다는 것을 그 원인으로 지적하였다.

노인주택에 필요한 각각의 전문가(간호사, 영양사, 상담원, 유지관리팀 등)를 갖추어야 하는데 이것은 소규모인 경우는 경제성이 맞지 않아 불가능하다.(전문가 #26)

이들 주장의 논조에는 소규모가 바람직한 것은 너무도 잘 알고 있지만, 현실적으로 불가능하며 개발이 된다 하더라도 비용이 많이 들기 때문에 일반 노인

탁실 등의 공용공간이 있고 2-7층까지는 개별주호이다. Seniorgården이라는 회사에서 개발분양하고, 입주자들은 민간주택조합(private housing association; bostadsrätts förening)을 결성하여 시니어 코하우징으로 자치관리하여 운영하게 된다(2003년 8월 현장 답사).

을 위한 주거대안이 될 수 없다는 반응이었다. 우리는 "소규모가 좋지만"이라는 단서에 주목할 필요가 있다. 전문가들조차 "경제성"이라는 지극히 현실적인 이유로 바람직한 방향을 두고 다른 대안을 찾는 것은 연구 참여 전문가들이 스스로 구조적인 한계를 갖고 있음을 알게 한다.

관리구역의 소규모화가 현실적이지 않으며, 개발가능성도 희박하다는 실용적인 입장을 취했지만, 바람직한 방향은 너무나 명료한 것으로 보인다. 따라서 노인공동생활주택은 단지상황에 맞게 관리구역을 소규모로 나누도록 유도하고, 심도 있는 연구를 통해 최소관리구역을 제안하는 등의 구체적인 노력이 정책제안으로 이어질 수 있어야 할 것이다.

4. 노인주택의 공급주체와 관리주체

서비스가 전달되는 가장 최저단위는 바로 공급주체와 관리주체이다. 현재 우리나라의 주거복지시설를 보면, 무료시설은 대부분 지자체 또는 사회복지법인 등이 공급하고 있으며, 유료시설은 개인, 종교단체, 민간사업자 등이 공급주체로 참여하고 있다. 관리주체는 별도의 관리조직은 없고, 대부분 공급주체가 관리까지 자체적으로 하고 있는 것이 대부분이다. 예외적으로 파트너십으로 공급·관리주체로서 참여한 경우가 있는데, 김제노인아파트로서 김제시에서 직접 설치한 후 건물관리와 임대관리는 부영아파트(주)에 위탁하고, 일반운영관리는 김제시에서 맡고 있어 성공적으로 공급, 관리되고 있는 것으로 평가되고 있다.

1) 공급주체

노인주택시장에서 공급주체는 노인주택의 성공을 좌우하는 요인이 될 수 있다. 서울시 예비노인이 선호하는 공급주체는 각 공급주체에 대한 응답 빈도가 비슷하게 나타나 본 연구에서 제시한 공급주체가 다양하게 노인공동생활주택의 공급주체로 역할을 하는 것이 가능할 것으로 판단된다. 또한, 중앙정부공급과 지방자치단체의 응답빈도를 합하면 전체의 52.0%로, 예비노인은 노인공동생활주택을 곤적 차원에서 공급하는 것을 선호하고 있음을 알 수 있으며, 그 이유는 입주는 보장, 서비스 보장 등 공급 후의 안정성 때문으로 여겨진다.

민간차원의 공급주체인 사회단체와 민간건설업체 공급은 전체 중에 28.4%에 불과하여 곤적주체의 공급에 비해 그 선호가 낮음을 알 수 있다. 이 중 사회단체공급이 22.6%로 민간건설업체 공급에 대한 선호(5.9%)는 매우 낮음을 알 수 있다. 이것은 기존의 노인주택이 종교기관 등 사회단체에서 공급하는 경우가 많기 때문에 이러한 영향을 받았을 것으로 보이며, 공급후의 안전성 측면에서도 건설업체보다는 사회단체를 더 신뢰하는 성향이 반영되었기 때문으로 생각된다.

하지만, 중앙정부 지원+민간건설업체 공급을 선호하는 응답이 가장 많게 나타나 민간건설업체에서 공급하더라도 중앙정부의 지원이 있는 경우는 그 선호가 높음을 알 수 있다. 따라서 노인공동생활주택의 공급은 다양한 주체가 참여하되 공급 후의 안정장치를 마련하는 것이 중요할 것이다.

〈표 VI-3〉 노인공동생활주택의 공급주체에 대한 선호

n=498

구 분	f(%)	순 위
중앙정부 지원+민간건설업체 공급	131(26.5)	1
중앙정부	127(25.7)	2
사회단체	112(22.7)	3
지방자치단체	95(19.2)	4
민간건설업체	29(5.9)	5
계	494(100.0)	

2) 관리주체

노인공동생활주택은 어떤 조직이 관리하는 것이 시장성이 있는가를 조사한 결과, 지자체 직접 운영이 가장 선호되었으며, 보건복지부 등의 정부기관에 등

록하는 것에 대한 선호도 높은 것으로 나타나고 있다. 이것은 많은 수요자들은 공적 기관의 감독을 원함을 알 수 있으며, 민간에서도 관리회사보다 사회단체 선호가 높아 보다 믿을 수 있는 기관에서 관리를 하는 것으로 원하는 것을 알 수 있다.

〈표 Ⅵ-4〉 노인공동생활주택의 관리주체에 대한 선호

n=498

구 분		f(%)	순 위
관리주체	지자체 직접 운영	134(27.1)	1
	보건복지부 등록	112(22.7)	2
	사회복지단체 운영	103(20.9)	3
	전문 주택관리회사 운영	89(18.0)	4
	개인, 조합의 자발적 운영	53(10.7)	5
	기 타	3(0.6)	6
	계	494(100.0)	

제7장 네 번째 과제 - 디자인과 서비스……

제7장 네 번째 과제 - 디자인과 서비스……

1. 노인주택의 위치

1) 노인주택 위치의 중요성

노인의 삶의 질에 있어 사용자 특성에 꼭 맞는 환경에 어떻게 근접시키는 가가 매우 중요하며(Lawton, 2001), 노인의 주거환경은 서비스 환경, 사회적 환경, 물리적 환경 등 다양한 차원으로 접근되고 있다.

미국 노인들에게 지역 서비스 환경은 주거만족이나 심리적인 안녕에 매우 중요한 요소로(Burby & Rohe, 1990; Smith & Gauthier, 1995) 서비스 환경은 입지와 연결된다. 교외거주자보다 서비스가 잘 갖추어진 도심거주자들이 서비스 환경에 대한 만족이 높으며, 이것은 곧 주거만족도로 이어지는 것으로 밝혀졌다(Smith, et. al., 2001).

사회적 환경은 친척·자녀와의 접근성, 비슷한 사회경제적 지위의 집단 등을 의미하는데, 보호주택에서 같은 연배 노인들과의 사회적인 활동은 장점으로 평가되고 있다(Butterfied & Weideman, 1987; Free, 1995; Field, et. al., 2002). 또한 노인들은 주거지에서 다른 사람들과의 네트워크나 친밀감을 젊은 사람들보다 더 중요하게 생각하고 있다(Lawton, 1980b). 노인들의 이러한 태도는 자신이 살던 근린지역 주변에 그대로 남으려는 경향을 보이며(Groves & Wilson, 1992), 미국과 캐나다의 노인전용주거시설에 입소하는 노인의 60%

이상은 거주하던 집을 중심으로 반경 25마일의 근린지역 내에서 이사하는 것으로 밝혀졌다(Randolph Hills Nursing Center, 1994).

2) 위치선정시 고려사항

노인주택의 위치선정은 바로 노인수요자가 원하는 곳에 노인주택을 위치시켜야 하는 것이 가장 기본적인 원칙이다. 본 연구는 수요자가 노인공동생활주택을 선택할 때에 어떠한 특징을 중요하게 생각하는지를 분석하였다. 4점 리커트 척도(1점: 전혀 중요하지 않음. / 4점: 매우 중요)로 측정하였으며, 순위조사도 함께 실시하였다. 본 연구에서 제안한 수요자가 중요하게 생각하는 노인공동생활주택의 특징은 총 9개로 중요도를 근거로 요인분석[77]을 실시한 결과, 주거환경요소, 인적요소, 주택요소로 구분되었다.

〈표 Ⅶ-1〉 예비노인의 노인공동생활주택의 특징에 대한 중요도·1순위

n=498

요인	선택 요소	전혀 중요하지 않음 f(%)	중요하지 않음 f(%)	대체로 중요 f(%)	매우 중요 f(%)	계 f(%)	중요도 평균	1순위 f(%)
주거환경요소	대중교통 편리	1(0.2)	21(4.3)	203(41.4)	265(54.1)	490(100.0)	3.49	108(22.1)
	치안으로부터 안전성	1(0.2)	34(7.0)	192(39.5)	259(53.3)	486(100.0)	3.46	88(18.0)
	쾌적한 공기	2(0.4)	23(4.7)	184(37.6)	281(57.3)	490(100.0)	3.52	83(17.0)
	생활편의시설	1(0.2)	54(11.0)	183(37.4)	251(51.3)	489(100.0)	3.40	81(16.6)
인적요소	같은 연령층	14(2.9)	125(25.8)	215(44.4)	130(26.9)	484(100.0)	2.95	30(6.1)
	자녀집과의 거리	23(4.7)	146(30.0)	228(46.9)	89(18.3)	486(100.0)	2.79	20(4.1)
주택요소	좋은 서비스	7(1.4)	31(6.4)	227(46.5)	223(45.7)	488(100.0)	3.36	36(7.4)
	좋은 시설, 건물구조	8(1.6)	44(9.1)	209(43.0)	225(46.3)	486(100.0)	3.34	22(4.5)
	여가시설	5(1.0)	52(10.7)	238(48.9)	192(39.4)	487(100.0)	3.27	20(4.1)

---

77) 주성분 요인분석(베리멕스 회전)을 실시한 결과 총 3개 요인으로 집단이 묶였으며, 〈집단 1: 서비스, 좋은 시설, 여가시설〉, 〈집단 2: 교통편리, 안전성, 공기, 생활편의시설〉, 〈집단 3: 같은 연령층, 자녀집 거리〉로 분류되었다. 분류된 집단을 내용에 따라 집단 1은 주택요소, 집단 2는 주거환경 요소, 집단 3은 인적 요소로 명명하였다.

　분석 결과, 9가지 선택요소의 중요도 점수가 2.79-3.52의 범위로 나타나 모든 요소가 중요한 것으로 분석되었다. 중요도 점수의 순위를 분석해 보면, 가장 중요도 점수가 높은 항목은 쾌적한 공기이며, 그 다음으로 대중교통편리, 안전성, 생활편의시설, 서비스 순으로 나타났으며, 같은 연령층, 자녀와의 거리 등은 상대적으로 그 중요도가 낮은 것으로 나타났다.

　또한, 가장 중요하게 생각하는 특성을 순위로 알아본 결과, 대중교통편리를 가장 우선적으로 선택하는 것으로 나타났으며, 그 다음으로 안전성, 쾌적한 공기, 생활편의시설, 서비스 순으로 나타나 중요도 순위와는 순위에서 차이를 보였다. 하지만, 중요도와 1순위 빈도에서 모두 5순위 항목은 같은 것으로 분석되었다.

　노인공동생활주택의 각 영역별 특징을 기준으로 분석해 보면, '주거환경 요소'인 교통, 공기, 생활편의시설, 안전성이 5순위 안에 채택되었으며 '주택요소'에서는 좋은 시설이나 건물보다는 좋은 서비스가 선택되었다. 이와 반면에 자녀 집과의 거리, 주위의 같은 연령층 등 인적요소는 다른 요인들보다 중요도가 상대적으로 낮은 것을 알 수 있다. 앞으로 노인공동생활주택을 개발할 경우, 주거환경이 잘 갖추어진 곳에 위치하는 것이 입주율을 높이는 유인요소가 될 것이다.

2. 노인주택의 디자인

1) 노인주택 디자인의 중요성

　노인의 주거환경에서 물리적인 특성은 안전한 거주환경의 제공뿐만 아니라 노인생활의 질과 주거만족에 직접적인 영향을 주는 변인으로(Nasar & Farokhpay, 1985; Chavis & Wandersman, 1990; Zaff & Devlin, 1998; Reynolds & Beamish, 2003), 노인공동생활주택에서의 물리적 공간은 크게 개별주호(individual living space)와 커뮤니티 공간(community orie-nted activity space)으로 구성된다.

국내 연구에서 개별주호 크기에 관해 연구마다 다양한 크기가 제시되고 있다. 비교적 작은 규모를 선호하는 것으로 분석된 연구로는 원룸형의 7평 정도를 선호한다고 보고한 연구가 있다(이인수, 1997). 이현·진미윤(1995)의 연구에서는 16-20평에 대한 선호도가 가장 높은 것으로 조사되었으며, 홍형옥(2001a)의 연구에서는 평균 20.8평을 선호하는 것으로 나타났다.

개별주호의 공간 규모는 수요자 특성에 따라서도 그 선호가 다르게 나타나고 있는데, 김태일(1995)의 연구에서는 1인용은 15-19평, 2인거주는 20-24평 정도가 적당한 것으로 분석되었으며, 박근형·양우현(1996)연구에서는 독신노인은 10-14평을 선호하는 반면에 부부노인은 20-24평 정도를 선호하는 것으로 나타났다. 또한 물리적 환경선호에서 중요한 변수로 작용하는 것은 월평균 수입으로, 월평균 수입이 높을수록 노인주택의 주거규모가 큰 것을 선호한다(오찬온, 1993).

보호주택의 개별주호 구성방식은 응접실과 세탁장은 공동으로 사용하더라도 개인별로 독방이 마련되어 있는 경우가 보편적이며(Oldman, 1990), 영국에서는 보호주택 1형과 2형 중에 부분적으로 원룸형이나 욕실을 공동으로 사용하는 경우가 있는데 이러한 형은 인기가 없어 세를 주기 어려운 문제가 있는 것으로 밝혀졌다(홍형옥, 2001b).

이러한 성향은 국내 연구에서도 같은 결과를 보이는데, 노인들은 방의 수는 적더라도 욕실, 부엌, 거실 등이 구비된 형을 원하는 것으로 나타났으며(이현·진미윤, 1995), 개별주택에서는 일반 주거와 마찬가지로 침실, 화장실, 부엌, 거실이 단위주거에 모두 갖추어지기를 바라는 경향이 큰 것으로 나타나고 있다(박희진 외 2인, 2003).

주택유형도 중요한 특성으로 분석되고 있는데, 가든 아파트 디자인은 고층아파트 디자인보다 사회적 통합을 증진시키지만(Timko & Moos, 1991), 고층아파트에 거주하는 경우 거주자의 커뮤니티 의식, 연대감, 사회적 네트워크 형성이 좋지 않으며(McCarthy & Saegert, 1978; Zaff & Devlin, 1998),

거주자가 안전감과 만족감을 낮게 인지하는 것으로 밝혀졌다(McCarthy & Sa-egert, 1978). 고층아파트에 거주하는 흑인 노인들이 일반 주택단지에 거주하는 노인에 비해 프라이버시, 화재예방, 방범에 대해 더 걱정하고 그들 건강에 대해서도 더 불만족하는 것으로 분석되었다(Moore et al., 1991).

한편, 국내 연구에서는 노인들이 선호하는 주택유형이 연구마다 상이한 결과를 보이는데, 한국보건사회연구원(1994)에서는 75.8%의 노인들이 단독주택에 살기를 희망하는 것으로 조사된 반면, 김웅기(1994)는 76세 이상 노인의 아파트 만족도가 다른 연령에 비해 상대적으로 높은 것으로 나타났다. Hong & You(2003)의 연구에서는 50대 예비노인은 건강할 경우는 단독주택을 선호하지만 건강이 좋지 않은 경우는 아파트를 선호하는 것으로 나타났다.

단지규모도 노인들의 주거환경에서 중요한 요소 중의 하나로 증명되었다. 노인들이 집합주택형식에서 집과 같은 분위기를 느끼기 위해서는 보다 작은 시각적인 스케일을 제공해야 하며(Regnier, 1994), 대규모보다 소규모 주택에서 거주자의 만족도가 높은 것으로 분석되었다(Sikorska, 1999). 이러한 이유로 대규모로 공급되던 미국의 생활지원주택은 점차 소규모로 전환하는 추세에 있다(Zeizel, 2002). 이러한 일련의 연구결과를 통해 노인주택의 디자인적 요소는 거주자 선호와 만족에 매우 중요한 요인임을 알 수 있다.

2) 노인주택 디자인의 현재

우리나라의 유료노인주거복지시설은 소규모이면서 단독주택도 있으나 대부분 대규모 아파트 형식으로 공급되고 있다. 개별주호의 구성에 있어서는 부엌이 갖추어진 완결형 주호가 공급되는 경우가 많지 않고 개별주호의 크기는 다양한 것으로 나타나고 있다. 비용이 비싼 곳은 많은 공용공간과 좋은 시설·설비가 갖추어져 있지만, 비용이 저렴한 곳은 부대시설이나 시설·설비가 열악하다.

〈표 Ⅶ-2〉 현 노인주거복지시설의 시설기준

(1: 개수 / - 해당규정 없음)

구 분	양로시설						노인복지주택
	무료·실비양로시설			유료양로시설			실비 / 유료 노인복지주택
	10인 미만	10-30	30인 이상	10인 미만	10-30	30인 이상	
거 실	1	1	1	1	1	1	1****
사무실	-	1	1	-	1	1	1관리실(사무실, 숙직실 포함)
의무실	-		1	-	1	1	1
자원봉사자실	-	1	-	-	-	-	-
체력단련실 / 오락실	-	1	1	-	1	1	1
식당 / 조리설	1	1	1	1	1	1	1
비상재해대비시설	1	1	1	1	1	1	1
화장실		1	1		1	1	
세면장 / 목욕실	1	1	1	1	1***	1	
세탁장 / 세탁물건조장			1			1*	
취사실	-	-	-	1**	1**	1**	
식료품점 / 머점	-	-	-	-	-	-	1
경보장치	-	-	-	-	-	-	1

   * 세탁물을 전량 위탁처리하는 경우에는 두지 않아도 됨

  ** 자취형 거실이 있는 경우에 한함

 *** 세탁물을 전량 위탁처리하는 경우에는 세탁장 및 세탁물건조장을 두지 아니할 수 있음

**** 노인복지주택의 경우 거실 안에 취사시설 및 목욕실·화장실설비가 갖추어지도록 계획되어 따로 표시되지 않음

      양로시설, 노인복지주택 모두 해당

      노인복지주택에만 해당

자료: 노인복지법 시행규칙 제17조 1항 〈별표 2〉 내용을 연구자가 정리

〈표 Ⅶ-3〉 노인주거복지시설의 각 실별 설비기준

구 분		양로시설			노인복지주택	
		무료	실비	유료	실비	유료
거 실	독신용	–	●	●	●	–
	동거용	●	●	●	●	–
	합숙용	●	●	●	–	–
	– 남실·여실 구분	●	●	●	–	–
	– 1실정원 6인 이하	●	●	●	–	–
	– 개인수납공간	●	●	●	–	–
	면 적	1인당 5.0㎡ 이상	1인당 5.0㎡ 이상	–	20㎡ 이상	–
	채광·조명·방습설비	●	●	●	●	●
	자취형거실 취사설비	–	–	●	●	●
	목욕실·화장실	–	–	–	●	●
식당 / 조리설	세정·세수에 편리한 구조	●	●	●	–	–
세면장/ 목욕장	바닥이 미끄럽지 않아야 함	●	●	●	–	–
	욕조설치시 전신이 잠기지 않은 깊이	●	●	●	–	–
	욕조설치시 보조봉, 수직손잡이 기둥	●	●	●	–	–
	급탕 자동온도조절장치	●	●	●	–	–
오 락 실	적당한 문화시설과 오락기 구비치	●	●	●	●	●
체력단련실	적절한 운동기구	●	●	●	●	●
의 무 실	진료에 필요한 기구	●	●	●	●	●
경 사 로	2층 이상시 경사로 설치 (승강기 설치시 제외)	●	●	●	●	●
경보장치	거실, 화장실, 욕실, 복도에 설치				●	●

구 분		양로시설			노인복지주택	
		무료	실비	유료	실비	유료
야간상용 등	복도·화장실, 필요한 곳	●	●	●	●	●
계단경사	계단경사는 완만	●	●	●	●	●
바 닥	부드럽고 미끄럽지 않은 바닥재	●	●	●	●	●

▨ 양로시설에만 해당

▨ 노인복지주택에만 해당

자료: 노인복지법 시행규칙 제17조 1항 〈별표 2〉 내용을 연구자가 정리

3) 노인주택 디자인 방향

(1) 개별주호

개별주호에 대해서는 선행연구마다 선호규모에 차이를 보이고 있으며, 현재 공급되고 있는 유료노인주거복지서설의 전용면적도 1인실인 경우 5평에서부터, 10평, 25평형, 40형까지 다양하게 공급되고 있어 개별주호 규모를 추정하는 것이 어려우나 개별공간 구성의 선호추이를 분석해 보면, 외국의 경우 노인기에 접어들면 대형주택보다는 소형주택을 선호하나 우리나라는 가족축소기에 진입하여도 른 집을 원하는 것으로 분석되었으며(정희수·권혁일, 2004), 본 연구의 결과에서도 10평 이하를 선호하는 비율이 6.0%로 매우 미미하게 나타나 노인이 되어 혼자 또는 부부가 거주한다고 해서 반드시 작은 공간을 선호하지 않음을 알 수 있다.

개별주호의 공간구성에 있어서는 공간이 통합되는 원룸형보다는 공간이 구획되는 1침실형과 2침실형을 선호함을 알 수 있다. 또한, 각각의 유형에 대한 응답이 골고루 나타나 개별주호의 구성은 다양한 형태로 개발하여 입주자의 생활패턴과 여건에 따라 선택할 수 있도록 해야 할 것이다.

〈표 Ⅶ-4〉예비노인의 선호 노인공동생활주택의 개별주호 규모 및 구성

n=498

구 분		f(%)
개별주호 규모	10평 이하	30(6.0)
	11-15평	170(34.2)
	16-20평	**214(43.1)**
	20평 이상	83(16.7)
	계	198(100.0)
개별주호 구성	원룸형	104(21.0)
	1침실형	159(32.1)
	2침실형	**223(45.1)**
	기 타	9(1.8)
	계	495(100.0)

(2) 단지규모

본 연구의 결과에서는 단지규모가 20가구 미만을 선호하는 응답이 56.2%로 과반수 이상의 응답자가 20가구 미만의 소규모단지를 원하는 것으로 나타났다. 20가구-50가구 정도의 중규모단지를 선호하는 응답은 37.9%인 반면에, 50가구 이상의 대규모단지를 선호한다는 응답은 9.9%에 불과해 예비노인은 대규모보다는 소규모의 노인공동생활주택을 선호함을 알 수 있다.

선행연구에 따르면, 단지규모는 노인의 거주만족도에 직접적인 영향을 주는 변인으로 증명되고 있으며(Regnier, 1994; Sikorska, 1999), 관리인이 관리할 수 있는 적정규모로 영국의 보호주택은 25-30호를 제안하고 있으며, 일본의 LSA는 30가구 마다 배치하고 있어 20가구 이하의 소규모를 선호하는 본 연구의 결과와 같다고 볼 수 있다. 따라서 노인거주자의 주거만족도를 높일 수 있도록 소규모 개발을 유도하는 방안이 논의되어야 할 것이다.

〈표 Ⅶ-5〉 예비노인의 선호 노인공동생활주택의 단지규모

n=498

구 분		f(%)
단지 규모	10가구 이내	90(18.2)
	10-20가구	**188(38.0)**
	20-30가구	100(20.2)
	30-50가구	68(13.7)
	50-100가구	37(7.5)
	100가구 이상	12(2.4)
계		495(100.0)

(3) 주택유형

본 연구의 결과에서는 과반수 이상의 응답자들이 선호하는 주택유형을 연립주택이라고 응답해 연립주택형식으로 개발되기를 바라는 것을 알 수 있으며, 아파트 형식에 대한 선호는 가장 낮은 것으로 나타났다.

주택유형은 노인의 주거만족에 중요한 변인으로 평가되고 있는데, 고층아파트 보다는 가든아파트 형식이 노인들의 심리적인 안정감과 주거만족도를 높이는 요인으로 작용하며(Moore, et. al., 1991), 소비자가 선호하는 주거유형은 고층아파트보다는 연립주택이나 단독주택으로 밝혀지고 있어(홍형옥, 2001), 본 연구의 결과도 같은 결과를 보였다. 이러한 일련의 연구결과로 통해 앞으로 노인주택을 공급할 때에는 노인의 거주만족도를 높일 수 있도록 하는 방안 중에 하나로 고층아파트를 지양해야 할 것이다.

하지만, 노인공동생활주택 실태를 보면 대부분이 아파트 형식으로 개발되고 있다. 영국의 보호주택 1형은 연립주택형태로 공급되지만, 보호주택 2형은 엘리베이터가 설치된 저층아파트 형식으로 개발되고 있다. 미국과 일본에서도 엘리베이터가 설치되는 가든아파트로 건축되고 있다. 이것은 노인공동생활주택의 집중적인 서비스 전달을 위한 집합주택 형식으로 갖추어야 하기 때문이다. 따라서 노인공동생활주택의 주택유형은 고층아파트형식을 지양하되 일정 서비스가 효과적으로 전달될 수 있는 집합주택 형식으로 개발되어야 할 것이다.

〈표 Ⅶ-6〉 예비노인의 선호 노인공동생활주택의 주택유형

n=498

구 분		f(%)
주택유형	아파트	60(12.1)
	연립주택	**280(56.5)**
	단독주택	152(30.6)
	기 타	4(0.8)
	계	496(100.0)

(4) 공용공간

노인공동생활주택에서 서비스를 지원할 수 있는 공용공간은 필수적인 요소로 본 연구에서는 수요자들이 노인공동생활주택에서 어떠한 공용공간에 대한 요구가 높은지 4점 리커트 척도(1점: 전혀 필요없다. / 4점: 매우 필요하다)로 측정하였으며, 순위 분석도 함께 실시하였다. 본 연구에서 제안한 공용공간의 종류는 총 11개로 공용공간의 필요도를 근거로 요인분석을 실시한 결과, 공용공간은 크게 일상생활 공간, 특정기능 공간, 관리공간으로 구분되었다.

〈표 Ⅶ-7〉 예비노인의 공용공간에 대한 필요도·1순위 공용공간

n=498

영역(영역별 평균)	공용공간 종류	필요도		1순위 공용공간	
		mean	순 위	f(%)	순 위
일상생활 공간 (2.96)	**공동식당(부엌)**	**3.14**	**5**	**94(19.3)**	**2**
	공동거실	**3.08**	**6**	**41(8.4)**	**5**
	공동세탁실	2.92	9	22(4.5)	8
	공동욕실	2.72	11	5(1.0)	11
특정기능 공간 (3.27)	**운동실**	**3.38**	**2**	**59(12.1)**	**3**
	취미실	**3.35**	**3**	**44(9.0)**	**4**
	작업실	3.02	7	11(2.3)	9
	손님방	3.00	8	28(5.7)	7
	치료실	**3.58**	**1**	**140(28.7)**	**1**
관리공간 (3.02)	**관리인실**	**3.20**	**4**	38(7.8)	6
	관리인주택	2.84	10	6(1.2)	10
계				488(100.0)	

1) 4점 척도
2) 필요도와 1순위응답에서 5순위 안에 든 항목에 음영처리하였음

공용 공간 필요도의 5순위 응답항목을 보면, 치료실이 3.58로 가장 높았으며, 운동실, 취미실, 관리인실, 공동식당(부엌) 순으로 조사된 반면, 작업실, 손님방, 공중세탁실, 공동욕실은 그 필요도가 상대적으로 낮게 나타났다. 또한 관리인실과 관리인주택을 보면, 관리인실은 필요하지만 관리인주택까지 공용공간으로 제공할 필요는 없다고 생각함을 알 수 있다. 순위 분석을 분석해 보면, 치료실을 1순위로 필요하다고 응답한 사람이 28.7%로 가장 많았으며, 그 다음으로 공동식당(부엌), 운동실, 취미실, 공동거실 순으로 나타났다.

공유공간에 대한 선호를 분석한 연구를 보면, 운동실·정원·치료실의 선호는 높은 반면에 관리인주택, 공동욕실, 손님방이 그 선호도가 낮은 것으로 조사되었다(홍형옥, 1999; 홍형옥·지은영, 2004). 본 연구의 결과에서 순위분석과 필요도분석에서 5순위 안에 든 공용공간은 치료실이 두 가지 분석에서 모두 1순위로 응답되었고, 공동식당(부엌), 공동거실, 운동실, 취미실, 관리인실로 분석되었다.

이러한 일련의 연구결과를 통해 수요자가 선호하는 공용공간이 있음을 알 수 있다. 즉, 운동실, 취미실, 치료실은 모든 연구에서 선호하는 것으로 나타났으며, 손님방이나 공동세탁실은 선호가 낮음을 알 수 있다. 따라서 노인공동생활주택의 공용공간은 이러한 소비자의 선호를 반영하여 계획되어야 할 것이다.

본 연구는 중요도 분석 결과를 토대로 노인공동생활주택 필수공용공간을 제안한다. 필수공용공간은 건강을 체크하고 치료할 수 있는 치료실, 운동과 취미생활을 할 수 있는 운동실과 취미실, 공동으로 식사를 해 먹고 담화를 나눌 수 있는 공동식당과 공동거실, 그리고 관리인이 사무를 볼 수 있는 관리인실이다.

필수공용공간으로 제안된 5가지 공간을 보면, 공동식당(부엌), 공동거실은 일상생활영격에 필요한 공간이며, 치료실, 운동실, 취미실은 특정기능공간, 관리인실은 관리공간으로 각 공용공간 영역별로 공간이 모두 필요함을 알 수 있다. 영국의 보호주택 2형이든, 2.5형이든 공공거실과 식당을 혼합과 형태인 라운지(lounge)로 되어 있어 식사와 차를 마실 수 있도록 공간을 구성하여 이 공간에서 식사와 사교를 함께 할 수 있도록 공간으로 활용하는 예가 있다(홍형옥, 2001). 따라서 공간계획에서 일상생활공간, 특정기능공간, 관리공간을 각각 모두 갖추고 다목적으로 이용할 수 있도록 해야 할 필요성이 있겠다.

(4) 시설 · 설비

공용공간 필요도에 이어 노인공동생활주택에서 반드시 갖추어야 할 시설 · 설비의 필요도를 4점 리커트 척도(1점: 전혀 필요 없다./4점: 매우 필요하다)로 조사하였다. 시설 · 설비에 관한 필요도를 순서대로 나열하면, 위급 호출기 3.66, 미끄럽지 않은 바닥 3.63, 엘리베이터 3.59, 목욕탕과 복도의 손잡이 3.57, 적절한 난방조절장치 3.51, 문지방 없는 방바닥 3.4, 이용 편한 공용공간 3.33, 충분히 넓은 개인공간 3.00순으로 조사되었다. 선행연구에서 보편적인 기준으로 위에 제시한 장애물이 없는 디자인(barrier free design), 접근성 기준(accessibility standard)의 중요성을 강조되었다(홍형옥, 2001; 홍형옥 · 지은영, 2002; 오혜경 외 2인, 2003; Hong, H. O., et al, 2003; 홍형옥 외 2인, 2004). 따라서 본 연구에서는 위에 제시한 8개의 시설 · 설비를 모두 노인공동생활주택의 필수 시설 · 설비로 규정하는 것이 바람직하다.

〈그림 Ⅶ-1〉 노인공동생활주택의 시설 · 설비 필요도

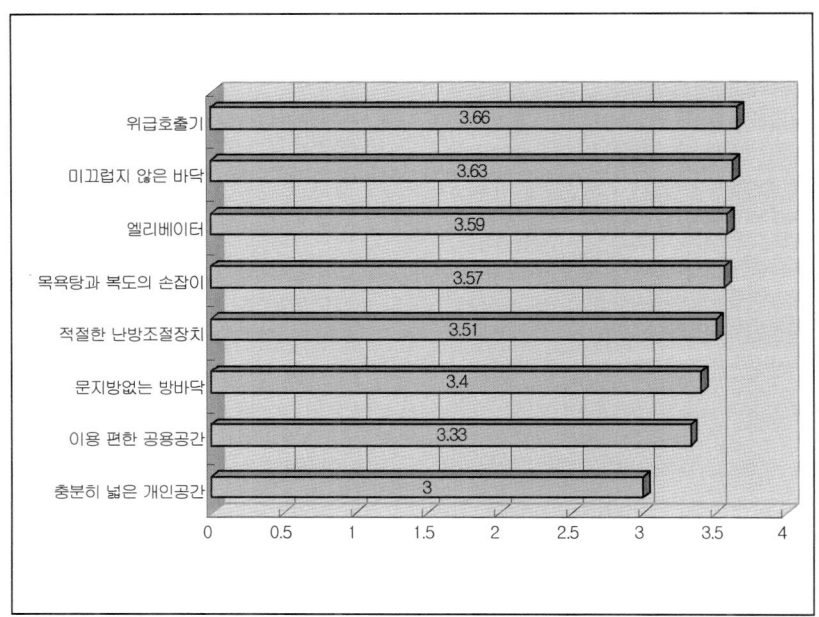

3. 노인주택의 서비스

1) 노인주택에서의 서비스의 중요성

최근에 노인공동생활주택에서의 서비스는 확대되고 있는 추세이다. 1990년 통계에 의하면, 입주자의 91%가 건강관리의 목적을 위하여 생활지원주택에 오게 되었음을 알 수 있다(Randolph Hills Nursing Center, 1994). 영국의 보호주택 2.5형은 24시간 보호서비스와 의료적 시설을 갖추고 있으며 (Tinker, 1989), 미국에서도 집합주택에 간호서비스를 제공하는 생활지원주택이 많이 보급되면서 노인공동생활주택에서의 서비스는 시설보호로 가는 것을 최대한 억제하는 것으로 보고되고 있다.

주택관리 책임으로부터 해방이 되는 매력도 노인공동생활주택으로 이주하는 이유 중의 하나이다(Butterfied & Weideman, 1987; Free, 1995). 노인공동생활주택으로의 입주동기 중에 관리 효율성이 중요한 것으로 밝혀지고 있어(Reynolds & Beamish, 2003) 노인공동생활주택에서의 관리서비스는 무엇보다도 중요한 특징으로 평가됨을 알 수 있다.

Clapham & Munro(1988)는 보호주택에 입주하는 노인들은 모두 더 많은 지원서비스를 이용할 수 있기를 희망하고 점차 더 많이 약해지므로 간호서비스를 더 높은 수준으로 융통성 있게 발전시켜야 함을 강조하고 있다. 따라서 생활지원주택에서 간호서비스를 어느 정도 제공해야 하는지는 계속적인 연구과제이다(Zeisel, 2002).

국내의 연구에서도 건강할 때는 오락집회시설, 문화프로그램, 정보제공서비스에 높은 선호를 보인 반면 건강이 악화되었을 때는 의료서비스, 간호간병서비스, 가사일보조서비스, 식사제공서비스 등을 선호하는 것으로 나타나고 있다(오찬옥·이연숙, 1993). 이에 노인이 나이가 들어가면 건강이 나빠질 수 있음을 염두에 두고 노인공동생활주택의 서비스는 영국의 보호주택 2.5형까지 개발되어야 함이 강조되고 있다(홍형옥, 2001b).

2) 서비스의 현재

현재 노인주거복지시설에서 제공되는 서비스는 노인복지법에 규정된 "시설운영기준"이라고 볼 수 있다.

〈표 VII-8〉 노인주거복지시설의 운영기준과 세부내용

항목	세부내용
건강관리	① 의사·한의사·간호사·기타 자격이 있는 자가 입소자 건강관리 수행 ② 전담의사가 없는 경우, 촉탁의사을 두어야 함 ③ 촉탁의사를 두는 시설의 장은 촉탁의사가 매주 2회 이상(1회당 2시간 이상) 시설을 방문하여 입소자의 건강상태를 확인하고, 악화된 입소자에 대하여 적절한 조치를 취하도록 해야 함. ④ 입소자 및 직원에 대하여는 연 1회 이상의 건강진단을 해야 하며 건강진단 결과 건강이 좋지 않은 자는 치료를 위하여 필요한 조치를 해야 함 ⑤ 입소자의 건강상태에 따라 적절한 훈련과 휴식을 하도록 해야 함 ⑥ 시설의 환경을 항상 청결하게 하고 그 위생관리에 유의해야 함
급식위생관리	① 시설의 장은 입소자가 필요한 영양을 섭취할 수 있도록 영양사가 작성한 식단에 따라 급식을 해야 함. 단 영양사가 없는 시설은 소재지 관할 보건소장의 지도를 받아 식단을 작성하고 이에 따라 급식해야 함 ② 전염성질환·화농성창상 등이 있는 자는 입소자의 식사를 조리하여서는 안 됨 ③ 시설에서 사용되는 음용수는 수도법 및 먹는 물 관리법이 정하는 바에 따라 수질검사를 받아야 함 ④ 입소자의 식사를 조리하는 자는 항상 청결을 유지해야 함
운영규정	① 시설의 장은 조직·인사·급여·회계·물품 기타 시설의 운영에 관하여 필요한 규정을 작성하여 시장·군수·구청장에게 제출해야 함. ② 운영규정에는 다음 사항이 포함되어야 함. 단, 양로시설은 실비보호대상자를 계약에 의하여 입소시키는 경우에 한함. (1) 입소정원 및 모집방법 등에 관한 사항 (2) 입소계약에 관한 사항(계약기간, 계약목적, 입소보증금, 월이용료 기타 비용부담액, 신원인수인의 권리·의무, 계약의 해제, 입소보증금의 반환 등에 관한 사항을 포함) (3) 입소보증금·이용료 등 비용에 대한 변경방법 및 절차 등에 관한 사항

항목	세부내용
운영 규정	(4) 서비스의 내용과 그 비용의 부담에 관한 사항 (5) 특별한 보호를 필요로 하는 경우에는 그 서비스기준과 비용에 관한 사항 (6) 의료를 필요로 하는 경우에는 그 구체적인 처리절차 (7) 시설물 사용상의 주의사항 등에 관한 사항 (8) 서비스 제공자의 배상책임·면책범위에 관한 사항 (9) 운영규정의 개정방법 및 절차 등에 관한 사항 (10) 운영간담회의 설치·운영에 관한 사항 ③ 시설의 장은 운영규정에서 정한 바에 따라 시설을 운영해야 함
보증 금 수납 반환	① 양로시설·실비양로시설의 보증금을 수납시에는 <u>월 입소비용의 1년분 이내 에서 수납</u> ② 노인주거복지시설(분양형 유료노인복지주택 제외)은 입소자가 <u>퇴소하는 때에 는 지체 없이 보증금을 입소자 또는 입소자를 대신하여 입소계약을 체결한 배우자·부양의무자에게 반환해야 함</u>
회계	① 시설의 설치·운영에 관한 회계는 법인회계 또는 다른 사업에 관한 회계와 분리하여 계리 ② 국가·지방자치단체로부터의 보조금품 기타 시설이 수수한 기부금품은 별도 계정으로 계리
장부 비치	① 시설의 연혁에 관한 기록부 ② 재산목록과 재산의 소유권 또는 사용권을 증명할 수 있는 서류 ③ 시설운영일지 ④ 예산서 및 결산서 ⑤ 총계정원장 및 수입·지출보조부 ⑥ 금전 및 물품의 출납부와 증빙서류 ⑦ 보고서철 및 행정기관과의 협의 등 관련 문서철 ⑧ 정관(법인) 및 관계질의서류 ⑨ 입소자 관리카드(입소계약 체결일, 입소보증금, 이용료 기타 비용부담 관계 등에 관한 내용을 포함) ⑩ 연계의료시설과의 제휴계약서(유료양로시설 및 유료노인복지주택의 경우에 한함) ⑪ 촉탁의사 근무상황부(촉탁의사가 있는 경우)
시설 기거 자	① 시설의 장은 입소자의 거실 또는 거실이 있는 건물마다 <u>생활지도원, 생활보 조원 기타 직원 중 1인을 입소자와 함께 기거하도록 조치하여야 함</u> ② 시설 안에서는 입소자 외에 시설의 장 및 직원과 그 가족이 아닌 자는 거주 하지 못함.

항목	세부내용
사업 실시	① 시설의 장은 입소자에 대하여 적극적으로 필요한 생활지도를 해야 함 ② 시설의 장은 입소자의 연령·성별·성격·생활력·심신의 건강상태 등을 고려하여 수시로 입소자와 면담하거나 관찰·지도하고 특이사항을 기록·유지하여 보호의 정도에 따라 다른 노인복지시설로의 전원등 필요한 조치를 해야 함 ③ 시설의 장이 생활지도 등을 함에 있어서는 입소자의 의사를 최대한 존중해야 함 ④ 시설의 장은 노인교실 등의 기관과 제휴하여 입소자가 교양교육등을 받도록 함으로써 건전하고 활력 있는 생활을 할 수 있도록 노력하여야 함 ⑤ 시설종류별로 시설특성을 고려하여 다음 사업을 실시해야 함 **(1) 양로시설** ▷ 입소자의 생활의욕 증진 등을 도모하기 위하여 입소자의 긴 체적, 정신적 상태에 따라 그 기능을 회복하게 하거나 기능의 감퇴를 방지하기 위한 훈련에 참가할 기회를 제공해야 함. ▷ 교양·오락설비 등을 구비하고 적절한 레크리에이션을 실시해야 함. **(2) 노인복지주택** ▷ 입주자의 거주에 불편함이 없도록 생활편의를 위한 체육시설, 여가 및 오락시설 등 부대시설 및 각종 복리시설을 설치하여 직접 또는 위탁하여 운영해야 함 ▷ 상담지도원이 기거하면서 순회서비스를 제공하는 등 항상 입주자의 안정을 위하여 세심한 배려를 하여야 하며 〈생활지도·상담, 문안, 긴급사태시 대처, 의료기관 등 관계기관과의 연락, 일상행활상 필요한 원조〉의 서비스를 제공해야 함 ▷ 필요한 경우 재가노인복지시설 중 가정봉사원 파견시설과 주간보호시설 등을 활용할 수 있도록 노인보건 및 복지에 관련된 사업기관과의 연계를 도모해야 함
운영 간담 회	① 시설에는 시설의 장, 직원, 가족대표, 입소자대표 및 노인복지명예지도원(유료양로시설 및 유료노인복지주택의 경우)으로 구성된 운영간담회를 설치·운영해야 함. ② 시설의 장은 입소자의 상황, 서비스 제공상황 등 시설의 운영과 관리비 등의 내용을 정기적으로 운영간담회에 보고하여야 하며, 입소자 및 그 가족의 의견이 시설의 운영에 반영되도록 해야 함

노인복지법 시행규칙 제17조 제2항 〈별표 3〉의 내용을 연구자가 정리

관리규정의 문제점을 요약하면, 첫째, 생활관리와 운영관리에 관한 규정은 있으나, 유지관리에 관한 기준이 없다. 둘째, 단독취사 등 자립적인 생활이 가능한 노인이 입주하기는 하지만 노인복지주택에서의 건강관리 규정이 없다. 따

라서 유료노인주거복지시설에서 제공되고 있는 서비스의 내용을 법 조항에 따라 비교 분석해 본 결과, 비용이 비싼 곳은 법에 규정된 서비스보다 많은 서비스가 제공되고 있는 반면에 저렴한 경우는 서비스가 제한적으로 제공되는 문제점을 갖고 있다.

〈표 Ⅶ-9〉 노인주거복지시설의 서비스기준의 문제점

관리업무			내 용	양로시설	노인복지주택
유지	운영	생활		무료, 실비, 유료	실비, 유료
		●	건강관리	●	
		●	급식위생관리	●	●
	●		운영규정	●	●
	●		보증금의 수납 및 반환	●	●
	●		회계	●	●
	●		장부 등 비치	●	●
	●		시설기거자 규정	●	●
		●	사업의 실시(생활지도 등)	●	●
		●	운영간담회	●	●

자료) 노인복지법 시행규칙 제17조 제2항 〈별표 3〉의 내용을 연구자가 정리
 주) 구체적인 운영기준은 〈부록〉 참조

3) 서비스 개발방향

노인공동생활주택은 서비스가 부대되는 주택으로 수요자가 일반주택이 아닌 노인공동생활주택으로의 이주 유인책으로 가장 중요한 것은 서비스 수준이 될 것이다. 본 연구에서는 예비노인의 노인공동생활주택 관리서비스 필요도를 파악하기 위해 영역별 내용은 4점 척도(1점: 전혀 필요 없음 / 4점: 매우 필요)로 조사하였으며, 13개의 서비스 중에 가장 필요하다고 생각하는 서비스를 기입하도록 하는 순위조사도 함께 실시하였다.

〈표 Ⅶ-10〉 예비노인의 관리서비스 필요도·1순위 서비스

n=498

영역 (영역별 평균)	서비스 종류	필요도		1순위	
		mean	순위	f(%)	순위
응급·경보 서비스 (3.56)	응급호출서비스	3.62	1	191(39.4)	1
	건강서비스(건강검진, 출장진료 등)	3.55	2	118(24.3)	2
일상생활 서비스 (3.17)	가사일서비스(청소, 세탁 등)	3.24	5	41(8.5)	3
	식사제공 서비스	3.20	6	23(4.7)	5
	주생활관리 서비스(형광등 교체 등)	3.08	8	9(1.9)	10
개인생활 지원 서비스 (3.16)	일 지원서비스(직업알선, 공동작업장 등)	3.01	9	13(2.7)	9
	교통서비스(셔틀버스 운행 등)	3.29	4	16(3.3)	7
	아플 때 간병 서비스	3.40	3	25(5.2)	4
	목욕 서비스	2.93	12	7(1.4)	11
취미·상담 서비스 (2.99)	취미·여가서비스(취미교실 운영 등)	3.19	7	15(3.1)	8
	말벗, 쇼핑보조 서비스	2.79	13	6(1.2)	12
	정보서비스(쇼핑, 여행, 레저, 컴퓨터)	3.01	9	17(3.5)	6
	상담서비스 (연금, 금융, 법률 등)	2.99	11	4(0.8)	13
계		3.18		485(100.0)	

1) 4점 척도
2) 필요도와 1순위응답에서 5순위 안에 든 서비스에 음영처리하였음

　노후에 자신의 집을 떠나 노후용 공동생활주택으로 입주하는 이유 중의 하나는 바로 노후용 공동생활주택에서 누릴 수 있는 각종 서비스 때문이다. 특히, 예비노인들은 위급시 대처시스템을 가장 선호하고 있으며, 다른 거주자들과의 교류로 외롭지 않게 노후를 보낼 수 있은 점, 본인이 힘들 때 가사서비스, 식사서비스 등을 제공받을 수 있는 점 등을 선호하였다.

　(1) 응급·경보서비스

① 응급호출서비스

　노후용 공동생활주택에서 반드시 제공되어야 하는 서비스 중 하나는 응급호출서비스이다. 노후에는 건강하더라도 갑자기 날씨가 추워진다거나 또는 개인

적으로 갖고 있는 만성질병 때문에 위급한 상황이 올 수 있다. 이때에 응급 호출서비스가 필요하며 이 서비스는 응급신호가 왔을 때 적절하게 대처할 수 있는 운영시스템과 기술적인 설비가 평소에 정비되어야 한다. 기술적인 설비는 누르는 응급버튼이나 잡아당기는 응급벨 등이 활용될 수 있으며, 첨단설비로는 방안이나 욕실 등에 센서가 부착되어 사람의 움직임이 없을 경우 자동적으로 이를 감지하고 관리사무소나 응급센터에 연락을 취하도록 하는 방안이다.

② 건강서비스

노후용 공동생활주택은 가능한 한 오랫동안 자립적으로 생활할 수 있도록 지원하는 서비스가 갖추어져 있어야 하며 노후에 건강을 유지하고 위급한 상황에 대처하는 서비스 중에 하나는 건강서비스이다. 건강서비스는 일상적인 혈압, 당뇨 체크에서부터 정기적인 건강검진, 특히 만성질병을 갖고 있는 사람에게는 그에 대한 적절한 치료까지를 포함한다. 20세대 미만의 소규모 노후용 공동생활주택에서 단지 내에 의사나 간호사와 같은 의료진을 두는 것은 불가능하므로 주변의 지역 대학병원, 도립병원, 보건소 등 기존의 의료서비스 시설과 연계하여 이들 병원에서의 정기검사와 치료를 병행하는 것이 바람직하다.

(2) 일상생활서비스

일상생활서비스는 노후의 일상생활을 지원하는 것으로 건강한 사람의 경우 본인의 선택에 따라 이용할 수도 있고, 이용하지 않을 수도 있는 서비스이다. 또한 자립적인 생활은 가능하나 혼자서 이동이 불편한 거주자가 일상생활서비스를 지원받음으로써 충분히 스스로 생활을 할 수 있도록 하는 기능이다.

① 가사일서비스

가사일서비스는 개인이 비용을 부담하고 일상적인 집안청소, 이불이나 커튼과 같은 힘든 빨래 등의 도움을 받는 서비스를 말한다. 서비스를 이용하는 방법은 거주자가 스스로 가사도우미를 이용하거나 아니면 관리인이 주변의 가사일보조서비스 업체를 소개하는 방법, 또는 자원봉사자나 유급가정봉사원을 활용하는 방법이 있다.

② 식사제공 서비스

건강상태가 양호하여 스스로 식사준비를 할 수 있더라도 혼자 또는 부부가 사는 경우 매끼 스스로 식사 준비를 하는 것은 그리 수월하지 않다. 따라서 노후용 공동생활주택에는 부엌이 갖추어져 있되, 귀찮거나 다른 이유로 식사를 하지 못할 경우 양질의 식사를 할 수 있도록 식사서비스를 제공해야 한다. 소규모 노후용 공동생활주택에서의 식사서비스는 관리인과 입주자들끼리 서로 협동하여 제공할 수도 있으며, 단지의 특성에 따라 관리인이 주변 식사서비스를 연결하여 이용할 수 있을 것이다.

③ 주생활관리서비스

주생활관리서비스는 간단한 형광등 교체에서부터 변기나 문고리 수리, 벽지 바르기 등 개별주호 내에서 이루어져야 하는 일상적인 주생활관리업무이다. 노후용 공동생활주택은 노후에 거주하기 때문에 형광등 교체와 같은 간단한 업무라도 스스로 하는 것은 쉽지 않다. 또한 스스로 하다가 무리하면 안전사고로 이어질 수도 있다. 따라서 일상적인 주생활관리업무는 관리인이 접수하여 간단한 수선은 직접 제공하거나 전문 수리공을 알선해 주는 것이 필요하다. 이를 보다 조직적으로 제공하기 위해서는 영국의 만능수리인(handyman)과 같이 지역을 순회하면서 주생활관리 서비스를 제공하는 사회적 제도가 마련되는 것이 가장 바람직하다. 이 경우 비용은 지역사회보호 서비스에 포함되거나 입주자가 부담한다.

(3) 개인생활지원서비스

① 일지원서비스

노후에는 일에서 은퇴한 경우가 많기 때문에 여가시간은 곧 개인의 생활전체가 된다. 특히 노후에는 활동성이 저하되기 때문에 하루 시간 중 75% 이상을 집에서 보내는 것으로 나타나고 있다. 따라서 노후용 공동생활주택은 무료한 시간을 지원하는 여러 가지 서비스가 필요한데 그중에 공동작업장과 같은 일지원서비스가 필요하다. 노후용 공동생활주택에 입주하는 경우 대부분 스스로 비용을 부담하기 때문에 경제적으로 여유가 있으나, 노후에 일을 하는 이유는 반드시 경제적인 이유만은 아닌 것으로 보고되고 있다.

② 교통서비스

노후용 공동생활주택에서 제공되어야 하는 서비스 중의 하나는 셔틀버스 운영과 같은 교통서비스이다. 노후에는 기본적인 은행, 우체국업무, 쇼핑, 친구나 자녀 집 방문 등과 같은 일상적인 생활을 위해 교통수단을 이용해야 하지만 스스로 차로 이동하거나 대중교통을 이용하기보다는 셔틀버스 등이 이상적이다. 현재 셔틀버스를 운영하고 있는 김제 노인아파트의 경우 노인들의 이용 빈도가 매우 높으며 노인들의 만족도도 높은 것으로 나타나고 있다. 그러나 소규모일 경우 셔틀서비스는 비용관계상 어려울 것이라 예상되므로 한국형 노후용 공동생활주택에서의 교통서비스는 정기적으로 운행하고 있는 지역의 복지관 버스 등을 단지 앞이나 근처에서 정차하도록 관계기관과 연락하여 제공할 수 있다.

③ 간병서비스

노후용 공동생활주택 거주인들은 건강하지만 일시적으로 간호가 필요할 정도로 아픈 경우가 있다. 이러한 경우에 대비하여 간병서비스를 제공받을 수 있어야 한다. 일본의 경우 개호보험이 본격적으로 시행되면서 간병서비스가 제공되지 않는 자신의 집에서 거주하거나 노인전용주택에서 거주하여도 국가적으로 제공하는 개호보험의 혜택을 누릴 수 있다. 한국형 노후용 공동생활주택에서의 간병서비스는 곧 시행될 예정인 케어복지사제도를 활용하여 거주자가 아픈 경우 서비스를 받을 수 있도록 해야 할 것이며 관리인은 이러한 간병서비스를 조정하고 연락하며 서비스를 잘 받고 있는지 확인하는 역할을 해야 한다.

(4) 취미·상담서비스

취미·상담서비스는 노후용 공동생활주택의 거주자들이 보다 활기차고 윤택한 주거생활을 영위할 수 있도록 지원하는 서비스이다. 이러한 서비스는 관리인이 직접 제공하기보다는 이러한 서비스를 이용할 수 있는 기관을 연결하는 방법으로 행할 수 있다.

① 취미·여가서비스

취미·여가서비스는 노후의 일상생활의 일부를 취미나 여가활동으로 보낼 수 있도록 지원하는 서비스이다. 예를 들어 컴퓨터를 공부하여 떨어져 있는 손자, 손녀와 이메일을 주고받는 사람, 서예나 그림 등을 꾸준히 하여 소규모 전시회를 여는 사람, 에어로빅, 포켓볼과 같은 취미와 운동을 겸하는 사람, 노래교실, 음악 감상을 하는 사람 등 노후용 공동생활주택에서의 취미, 여가활동은 매우 다양하다. 이러한 활동은 거주자들이 소규모 그룹으로 운영하여 자발적으로 이루어지도록 하며, 관리인은 이들 서비스를 조직하고 활동 할 수 있도록 여건을 갖추어 주어야 한다.

② 정보제공 서비스

현재 60세 이상의 노인은 급변하는 세상 속에서 자신보다는 자녀와 국가를 위해 희생한 세대였으나 앞으로 노후를 보내는 사람들은 경제적으로도 여유가 있으며 자녀들에게 의존하지 않고 스스로 삶을 즐기려는 성향이 강하기 때문에 쇼핑, 여행, 레저 등에 대한 정보를 얻고 싶어 하므로 이에 대한 적극적인 서비스가 필요하다.

③ 전문상담 서비스

노인이 자신이 갖고 있는 자산을 어떻게 운용해야 할지, 자신의 노후자금이 어느 정도 남았는지 등등 연금, 금융, 법률 등 전문적인 문제를 해결할 수 있는 창구가 필요하다.

(5) 서비스 기준

서비스의 제공에 있어 가장 중요한 것은 서비스 이용료이다. 즉, 개인의 소득에 따라 제공되어야 하는 서비스가 차별적으로 제공되어야만 효율적이면서도 만족스럽게 운영될 수 있다. 따라서 노후용 공동생활주택의 서비스는 기본서비스, 선택서비스, 지원서비스로 구분하고 이를 지역단위로 이용할 수 있는 시스템을 갖추는 것이 바람직할 것이다.

① 기본서비스

소득에 따라 차이가 없는 서비스는 기본서비스로 규정한다. 선행연구를 통해 소득과 관련이 없는 것으로 밝혀진 응급호출서비스, 건강서비스, 식사제공서비스, 교통서비스, 간병서비스, 목욕서비스는 노인이 원할 경우 언제든지 이용할 수 있도록 해야 할 것이다.

② 선택서비스

소득이 증가할수록 필요도가 증가하는 서비스는 선택서비스로 규정한다. 즉, 고소득일수록 필요도가 높은 가사일지원서비스, 취미·여가서비스, 말벗·쇼핑보조서비스, 정보서비스, 상담서비스는 비용을 지불하고 선택할 수 있다.

③ 지원서비스

소득이 감소할수록 필요도가 증가하는 서비스는 지원서비스로 규정한다. 즉, 저소득일수록 필요도가 높을 것으로 예측되는 주생활관리서비스, 일지원서비스는 저소득집단에게 이러한 서비스를 이용할 수 있는 네트워크 구축이 필요하며, 이들 서비스를 지원서비스로 규정한다.

또한, 각 서비스의 비용지불방식에 있어 무료서비스와 유료서비스로 구분하였다. 응급호출서비스는 무료로 제공되는 서비스이고 그 외의 서비스는 모두 유료서비스로 운영하되, 기본서비스와 지원서비스를 저소득집단이 이용할 수 있도록 이들 집단에게 차등적으로 서비스를 제공할 수 있도록 해야 할 것이다.

〈표 Ⅶ-11〉 노인공동생활주택의 기본·선택·지원 서비스

영역	서비스 종류	서비스 구분			비용지불방식	
		기본	선택	지원	무료	유료*
응급·경보 서비스	응급호출서비스	●			●	
	건강서비스(건강검진, 출장진료 등)	●				●
일상생활 서비스	가사일서비스(청소, 세탁 등)		●			●
	식사제공 서비스	●				●
	주생활관리 서비스(형광등 교체 등)			●		●
개인생활 지원서비스	일 지원서비스(직업알선, 공동작업장 등)			●		●
	교통서비스(셔틀버스 운행 등)	●				●
	아플 때 간병 서비스	●				●
	목욕 서비스	●				●
취미·상담 서비스	취미·여가서비스(취미교실 운영 등)		●			●
	말벗, 쇼핑보조 서비스		●			●
	정보서비스(쇼핑, 여행, 레저, 컴퓨터)		●			●
	상담서비스 (연금, 금융, 법률 등)	●				●

* 유료서비스는 소득집단별 차등적 운영

제8장 다섯 번째 과제 – 관리인과 가족은……

제8장 다섯 번째 과제 – 관리인과 가족은······

1. 노인주택의 관리인

1) 관리인의 중요성

관리인은 노인공동생활주택의 중요 특징이 되며, 이것은 결정적인 입주요인이 된다. 관리인은 사회지원의 규정에서 매우 중요한 사람으로 기본 업무는 가능한 한 거주자가 독립적으로 자신의 노후생활을 영위할 수 있도록 돕는 역할이다. 이를 위해서는 응급시 대처, 각종 서비스 조직, 사회활동지지 등의 일뿐 아니라 식사보조나 신체적인 시중이 필요하게 된 경우 다른 기관에 연락하여 서비스를 제공받도록 조직해주어야 한다.

미국 집합주택 거주자는 노인기의 불확실성에 대비하기 위해 안전한 공간을 찾아 집합주택으로 이사하는 것으로 밝혀졌다(Eckert & Murrey, 1984). 영국의 보호주택의 입주 이유는 상주하는 관리인(warden)이 있어 심리적으로 보다 안정감을 얻을 수 있기 때문인 것으로 알려지고 있으며, 관리인은 노인 거주자에게 매우 주요한 사람으로 그 역할이 증명되고 있다(Heumann, & Boldy, 1982).

보호주택 관리인은 대부분 중년의 결혼한 부인으로 Butler팀(1983)에 따르면, 잉글랜드와 웨일즈 지역의 관리인의 69%는 학교 졸업 후 공식적인 자격이 없는 것으로 나타났으며, 단지 24%만이 현재 직업을 시작하면서 교육을 받은 것으로 조사되었다. 이러한 결과는 Clapham & Munro(1988)의 연구 결과에서도 비슷하게 나타났다.

노인공동생활주택의 기본적인 서비스는 응급시 대처시스템이다. Butler팀 (1983)은 영국보호주택 세입자들의 23%가 4년 동안 위급사태를 경험하였다는 것을 발견하면서 긴급한 사태에 경보시스템이 반드시 효과적이지 않다는 점을 지적하고 있다. 이유는 코드나 스위치를 잡아당길 수 없기 때문인 것으로 분석하면서 응급시 관리인 역할이 중요함을 강조하였다.

2) 관리인의 현주소

현행법상 노인복지주택에는 생활지도원이 기거하면서 생활지도·상담, 문안, 긴급사태시 대처, 의료기관과의 연락, 일상생활에 필요한 원조를 하도록 규정하고 있으며, 법률에 규정된 직원배치기준과 자격 규정이 있다. 이에 따라 노인복지주택은 30세대 이상으로 최소 5인 이상을 확보해야 한다. 구체적인 기준으로는 느인주거복지시설의 직원배치기준은 양로시설이 30인 이상인 경우, 시설장 이해 최소 13인 이상, 10-30인인 경우 최소 9명, 10인 미만인 경우는 최소 2인을 확보해야 한다. 양로시설은 직원의 자격을 규정하여 시설장은 사회복지사[8]나 의료인이 할 수 있으며 규모에 따라 사회복지사 자격을 갖춘 생활복지사, 상담지도원, 생활지도원을 두어야 하며, 그 외 간호사, 영양사, 조리사 등 해당 업무에 필요한 인력이 서비스를 제공하고 있다. 하지만, 노인복지주택은 직원 수에 대한 규정 이외에 자격에 대한 특별한 규정이 없다.

---

78) 2002년까지는 사회복지사 양성은 대학의 사회복지 관련 학과를 졸업하게 되는 경우 사회복지사 자격이 부여되었지만 2003부터는 전공을 하지 않더라고 대학에서 복지부에서 정한 이수과목(14과목)만 이수하게 되면, 사회복지사 1급의 자격을 취득할 수 있는 응시자격이 부여된다. 즉, 대학에서 관련 과목을 이수하고 시험을 통해 자격이 부여된다. 사회복지사 자격에는 1-3급까지가 있는데, 2002까지는 현행대로 적용되지만 2003년부터는 1급-국가시험합격자, 2급-사회(사업)복지학 전공자로 구분하여 자격이 부여되고 있다.

〈표 Ⅷ-1〉 노인주거복지시설의 직원의 배치기준

(1 : 1인 / - 해당규정 없음)

구 분	양로시설						노인복지주택
	무료·실비양로시설			유료양로시설			실비/유료노인복지
	10인 미만	10-30	30인 이상	10인 미만	10-30	30인 이상	주택(30인 이상)
시설장*	1인	1인	1	1인	1인	1인	1인
총무	-	1인	1	-	1인	1인	-
생활복지사**	-		1	-		1인	-
의사 또는 촉탁의사	-	-	1	-		1인	-
간호사 또는 간호조무사	-	1인	(50인당) 1인	-	1인	(40인당) 1인	-
생활지도원**	1인	(20인당) 1인	(20인당) 1인	1인	(20인당) 1인	(20인당) 1인	-
사무원	-	-	1(100인 이상인 경우만)		1인	1인	1인
양양사	-	-	1(50인 이상인 경우만)	-		1인(50인 이상인 경우만)	1인
조리원	-	1인	(50인당) 1인		1인	(50인당) 1인	
위생원	-	1인	(50인당) 1인		1인***	(50인당) 1인***	
관리인	-	-	-	-	1인	1인	1인(부대복리 시설관리에 필요한 자 포함)
상담지도원	-	-	-	-	-	-	1인
계(최소인원)	1	7	11	2	9	13	5

* 시설장 자격(노인복지주택 제외): 사회복지사업법에 의한 사회복지사 3급 이상의 자격증 소지자 또는 의료법 제2조의 규정에 의한 의료인의 자격을 취득한 자
** 생활복지사 및 상담지도원 자격: 사회복지사업법에 의한 사회복지사 3급 이상의 자격증 소지자
*** 세탁물을 전량 위탁처리하는 경우에는 두지 않아도 됨
※ 비고
1. 생활복지사: 입소자에 대하여 건강유지·여가선용 등 노인의 복지증진에 관하여 상담·지도하는 자
2. 생활지도원: 입소자에게 일상생활의 편의를 제공하고 생활복지사 또는 시설의 장을 보조하는 자
3. 상담지도원: 입소자에 대하여 노인의 건강유지·여가선용 등 노인의 복지증진에 관하여 상담·지 도하는 자

　　　　양로시설, 노인복지주택 모두 해당

　　　　노인복지주택에만 해당

자료: 노인주택법시행규칙 제17조 제1항 〈별표 2〉 내용을 연구자가 정리

3) 노인주택 관리인 양성방향

(1) 관리인 자질

영국 보호주택의 관리인은 대부분 중년의 결혼한 부인이거나 은퇴한 간호사들이 많으며, 특별한 자격규정은 갖고 있지는 않다. 이러한 배경이 노인주택 관리인(warden)을 비전문직으로 여기도록 해 왔으나 점점 관리인이 보다 전문적인 역할을 하도록 요구하고 있다. 최근 들어 warden이라는 직함보다는 scheme manager라는 직함을 더 선호하며, 좋은 이웃(good neighborhood)에서 전문인(professional)으로 대접받기 위한 노력이 이를 반영한다 (England, et. al., 2000).

본 연구에서는 수요자인 예비노인을 대상으로 노인공동생활주택의 단지에서 근무할 관리인이 갖추어야 할 자질에 대해 무엇을 중요하게 생각하고 있는지 파악하였다. 요구도를 4점 척도(1점: 전혀 필요 없음. / 4점: 매우 필요)로 조사하였다. 또한, 8개의 관리인자질 중에 가장 필요하다고 생각하는 자질을 기입하도록 하여 1순위로 요구되는 관리인 자질을 조사하였다.

〈표 Ⅷ-2〉 수요자의 관리인 자질에 대한 요구도·1순위 관리인자질

n=498

영 역	관리인 자질	요구도		1순위 관리인자질	
		mean	순위	f(%)	순위
인성적 측면(3.52)	봉사정신이 많은 사람	3.62	1	229(47.0)	1
	노인의 특성을 잘 이해하는 사람	3.54	2	64(13.1)	2
	위급시 잘 대처할 수 있는 사람	3.40	3	63(12.9)	3
능력적 측면(3.14)	프로그램 개발 능력이 있는 사람	3.27	4	57(11.7)	4
	대학에서 전공하여 자격증 있는 사람	2.93	8	21(4.3)	6
	노인에 대한 전문지식이 있는 사람	3.23	5	31(6.4)	5
생활지원 측면(3.02)	요리를 잘 하는 사람	3.02	6	6(1.2)	8
	일상생활을 잘 도울 수 있는 사람	3.02	6	16(3.3)	7
계		3.25		487(100.0)	

1) 4점 척도
2) 필요도와 _순위응답에서 5순위 안에 든 서비스에 음영처리하였음

수요자의 관리인자질에 대한 요구도의 전체 평균은 3.25이며, 인성적 측면이 3.52로 요구도가 가장 높았다. 다음으로 능력적 측면(3.14)을 요구하는 것으로 나타났으며, 생활지원 측면은 3.02로 세 가지 영역에서 가장 낮은 것으로 분석되었다. 이것은 수요자는 노인공동생활주택의 관리인의 자질에는 능력보다는 인성적인 측면을 더 중요하게 생각함을 알 수 있다. 그러나 세 가지 영역의 요구도 점수가 모두 3.02-3.52로 필요하다는 견해를 보여 수요자들은 관리인 자질로 이 모든 영역을 필요한 것으로 인식하고 있음을 알 수 있다.

인성적 측면에서 가장 필요한 관리인 자질은 봉사정신(3.62)으로 분석되었다. 다음으로 노인의 특성을 잘 이해하는 사람(3.54), 위급시 잘 대처하는 사람(3.40)도 매우 필요한 자질로 인식하고 있었으며, 인성적 측면의 자질 3가지는 모두 3순위 안에 들어 관리인의 자질로 가장 필요한 것은 인성적인 측면임을 알 수 있다.

프로그램 개발 능력, 노인에 대한 전문지식에 비해 대학의 전공자격증 소지자는 상대적으로 가장 낮은 필요도를 나타냈다. 홍형옥(2001a)의 연구에서도 50세 이상은 관리인으로 대학전공자가 적합하다는 응답이 17.6%에 불과한 것으로 나타나 본 연구의 결과와 일치한 결과를 보였다. 이것은 노인주택 관리인으로 인성과 그에 따른 전문능력이면 충분할 것임을 알 수 있다. 영국의 경우, 좋은 이웃에서 시작된 보호주택 관리인에게 점점 전문가로서의 역할을 요구하고 있음을 볼 때 우리나라는 노인공동생활의 시작단계부터 인성과 능력을 겸비한 관리인이 양성할 수 있는 시스템이 구축되어야 할 것으로 보인다.

생활지원 측면에 대한 관리인 자질로 요리를 잘 하는 사람(3.02), 일상생활을 잘 도울 수 있는 사람(3.02)이 똑같은 요구도를 나타냈으며, 필요한 자질로 인식하고 있었다. 이것은 노인공동생활주택에서 서비스 제공이 주거만족도와 직접적으로 연관되므로, 생활지원능력도 관리인 자질로서 중요한 항목으로 포함되어야 할 것이다.

"봉사정신이 많은 사람, 노인의 특성을 잘 이해하는 사람, 위급시 잘 대처할 수 있는 사람, 프로그램 개발 능력이 있는 사람, 노인에 대한 전문지식이 있는 사람"의 관리인 자질은 지침화되어 교육과 선발에 이용될 수 있어야 할 것이다. 즉 노인공동생활주택의 관리인은 인성과 능력을 함께 겸비되어야 하며, 인성 또는 능력 한 가지 자질만 갖추어서는 안 됨을 명심하여 관리인 자질을 함양에 반영할 필요가 있다.

(2) 관리인 시스템

노인공동생활주택 관리인은 무엇보다 지역사회 속에서 노인주택이 고립되지 않고 노인주택을 운영할 수 있도록 해야 한다. 이를 위해서는 노인공동생활주택의 지역단위의 서비스시스템 구축이 무엇보다 중요하다.[79] 본 연구에 참여한 전문가들은 "단지관리인＋이들이 주변과 서로 연계하는 시스템"이 좋다는 견해가 59.4%, "단지관리인＋단지관리자를 감독·교육하는 전문관리자"가 좋다는 견해는 37.5%로 나타나 관리인시스템이 위계를 갖는 것보다는 관리인끼리 연계되는 것을 더 많은 전문가들이 지지하는 것으로 나타났다.

첫째, "단지관리인＋이들이 주변과 서로 연계하는 시스템"을 주장하는 이유는 전문관리자와 단지관리인으로 관리인 조직자체에 위계를 갖는 것은 바람직하지 않다고 보았다. 그들 논리의 핵심은 현장관리인에게 보수교육이 필요하지만 그 방법이 다른 누군가의 통제와 감독을 받는 것은 민간시장에서 받아들여질 수 없는 방식이라고 강하게 부정하였다.

이들 전문가들의 견해는 "단지관리인은 전문가이며 이들을 감독하는 전문관리자가 따로 있다는 것은 전문가로서 그 역할을 수행할 수 없게 만들 수 있다"는 점을 우려한 것 같다. 하지만, 현실적으로 낮은 보수 수준으로 아직은 전문가가 근무하기 힘들며, 단지관리인을 감독만을 하는 사람으로 단지관리인의 고충 해결과 필요한 교육을 하는 전문관리자를 갖춘 영국의 시스템에서 시사점을 얻을 수 있다.

---

79)

〈표 Ⅷ-3〉 관리인 시스템

n=36

구 분		f(%)
관리인 시스템	단지관리인＋단지관리자를 감독·교육하는 전문관리자	12(37.5)
	단지관리인＋이들이 주변과 서로 연계하는 시스템	19(59.4)
	기 타	1(3.6)
	계	32(100.0)

둘째, "단지관리인+단지관리자를 감독·교육하는 전문관리자"방식이 좋다는 견해는 앞의 방식보다는 지지하는 전문가의 수는 적었으나, 이들의 주장은 지역단위 서비스전달 시스템에서 이를 조율하고 기획하는 역할을 누군가가 해야 하며, 이를 위한 방법으로 전문관리자를 중요시 하였다. 연구참여 전문가들은 관리인의 역할이 매우 중요하다는 것을 확신하며, 이들이 역할을 할 수 시스템을 구축을 더 중요하게 보고, "전문관리자와 단지관리인의 위계적인 관리인 시스템"을 지지한 것으로 보인다.

2) 관리인 양성

(2) 관리인 양성

관리인은 그 양성과 교육에 따라 관리인의 역량이 달라질 수 있을 것이다. 노인공동생활주택의 관리인을 양성하기 위한 방안을 모색하기 위해 이에 대한 전문가 의견 조사를 실시하였다.

〈표 Ⅷ-4〉 관리인 양성방법

n=36

구 분		f(%)
관리인 양성방법	대학 노인관련 학과에서 양성	13(40.6)
	노인학회나 노인협회에서 양성프로그램 운영	11(34.4)
	현재 운영방식처럼 실버타운 회사에서 알아서 양성	2(6.3)
	노인주택관리회사에서 자체 양성	6(18.8)
	계	32(100.0)

관리인 양성방법을 조사한 결과, 연구 참여 전문가들은 노인관련 학과에서 양성한다는 응답이 가장 많았으며(40.6%), 노인학회나 노인협회에서 양성한다는 응답이 34.4%로 조사되었다. 노인주택관리회사에서 자체적으로 양성한다(18.8%)와 현재 운영방식처럼 실버타운 회사에서 알아서 양성한다(6.3%)는 응답은 상대적으로 적게 나타났다.

첫째, 노인공동생활주택의 관리인을 노인관련 학과에서 양성하는 것이 좋다
는 의견은 노인공동생활주택관리인의 전문성에 그 논리의 비중을 두고 있다.
전문가들이 밝히는 관리인의 전문성은 가장 중요한 능력으로 바로 응급처치의
능력을 필요함을 강조한다. 또한, 복지적 혜택의 저소득층이 아닌 대다수의 노
인을 대상으로 하는 관리인은 복지적 마인드 외의 다른 능력이 요구된다고 보
고 있다.

> 노인들이 건강이 좋지 않기 때문에 간호사가 있어야 심리적 안정효과가 크다.
> 현장 관리인은 응급처치 능력이 필요하다.(전문가 #27)

> 중산층 이상을 대상으로 하는 유료노인복지주택의 관리자는 단순히 복지마인드
> 만 있어서는 안 된다. 노인 거주자의 연금 등에 대한 정보이야기, 취미생활, 여가
> 활동 등을 제공하는 데 복지마인드는 필요 없다. 이들의 요구사항을 정확하게 이
> 해하고, 이들이 원하는 서비스를 충족시킬 수 있는 방안을 계획할 수 있는 사람이
> 더 적합하다.(전문가)

두 번째 혈회차원에서 양성하는 것이 좋다는 이유는 노인주택에서 관리인이
상대하는 사람은 바로 노인이라는 점을 강조하고 있다. 전문가들은 노인들은
심리적으로 젊은 사람들과 다를 수밖에 없으며, 젊은 사람이 노인을 이해할 수
있는지 검증되어야 하며, 검증방법이 대학의 졸업장이나 자격증이 아닌 현장실
습을 통해서만 가능하다는 강한 논리를 피력하였다.

> 노인주택근무자는 노인의 고집 센 심리와 변덕스러운 심리를 이해하는 것이 가
> 장 중요하다. 심리이해와 함께 전문적인 능력도 필요한데, 이것은 오랜 동안 관리
> 를 해 왔던 입장에서도 쉬운 것만은 아니다. 현장실습을 통해 관리인 스스로 능력
> 을 검증받아야 한다.

> 현장의 관리인은 입주자들을 서로 조정하고 주택에 대한 불평을 잘 수용할 수
> 있어야 하기 때문에 직원 채용시 학력이나 지식은 별로 고려하지 않는다. 심성이
> 우선이며, 노인을 이해하려는 마음가짐이 있는지 중요하게 생각한다. 하지만 굳이

왜 사회복지사가 해야 하는지 의문이다. 인성이 검증되면 된다(유료노인복지주택 관리자).

연구 참여 전문가들의 노인공동생활주택 관리인 양성방법은 "전문성을 강화하느냐, 아니면 인성을 검증하느냐"하는 관점으로 분류될 수 있다. 관리인의 전문성과 인성은 "자전거의 두 바퀴"처럼 작용하여 관리현장에 적용되어 노인의 고집스러운 심성을 이해할 수 있는 착한 성품으로 이해되면서 동시에 응급처치 등의 능력을 갖춘 능력 있는 관리인으로 역할이 수행되도록 요구되어 질 것이다. 관리인 양성은 대학에서 전문지식을 교육하는 것과 협회에서 현장경험을 갖추는 방법이 연계되어야 할 것이다. 중요한 것은 영국의 예처럼 현장관리인과 전문관리자 위계를 두어 자질과 보수, 직능을 분리하여 관리에 차질이 없도록 하는 것이 가장 바람직할 것이다.

2. 노인주택과 가족

본 연구에서 예비노인이 원하는 자녀와의 연계방안을 조사한 결과, 개인주택을 넓게 하여 가족이 머무르다 갈 수 있게 한다가 55.5%로 가장 많은 응답을 보였으며, 그 다음으로 가족이 머무를 수 있는 손님방 마련 23.9%, 가족방문 시간 등을 제한하지 않음 20.3%, 기타 0.3% 순으로 조사되었다.

〈표 Ⅷ-5〉 예비노인의 노인공동생활주택에서의 자녀와의 연계방안

n=498

구 분	f(%)	순위
개인주택을 넓게 하여 가족이 머무르다 갈수 있게	259(52.4)	1
자녀들이 머무를 수 있는 손님방 마련	121(24.5)	2
자녀방문 시간 등을 제한하지 않음	113(22.9)	3
기타	1(0.2)	4
계	494(100.0)	

사회통합은 이론적으로는 바람직하지만 현실적으로 성공하지 못하고 있음을 여러 사례에서 알 수 있었다. 즉, 3세대 동거주택이 성공적이지 못했고, 프로그램도 활성화되지 못했으며, 노인가구나 일반가구 모두 같은 건물에 사는 것을 원하지 않는 것을 알 수 있다(윤주현 외 2인, 2004). 따라서 주거생활은 별도로 하되 원하는 경우에 서로 섞일 수 있도록 생활프로그램에서 연계를 추구하는 방안을 고려해 볼 필요가 있다.

본 연구의 조사결과, 자녀와 연계하는 방안으로 물리적 공간 측면에서 손님방 마련보다는 개인주택에서 머물다 가는 것을 선호하는 것으로 나타났다. 영국·미국의 경우 자녀가 올 것을 대비한 공간으로 손님방(guest room)의 활용도가 높으나, 우리나라에서는 손님방보다는 자신의 집에서 자녀들이 머무르기를 바라는 것을 알 수 있다. 이것은 서구의 손님방이 입식생활상 침대가 있어야 취침이 가능하나 우리나라는 침대가 있어도 온돌 위의 좌식이 병행될 수 있으므로 노인공동생활주택에 손님방이 공유공간으로 채택될 경우 활용되지 않을 가능성이 있음을 암시하는 결과이다.

2003년 통계청 자료에 따르면, 자녀와 같이 살고 싶지는 않지만 자녀와 자주 만나 식사나 이야기를 나누고 싶어 하는 비율은 높게 나타났으나(통계청, 2003), 현재 유료노인주거복지시설은 손님방 등 자녀가 머물다가 갈 수 있는 공간적인 배려가 마련되어 있지는 않다. 또한, 노인 거주자의 방문도 자녀와 지인만이 할 수 있도록 제한적으로 운영하고 있다. 따라서 가족과의 연계방안을 모색하는 데에는 물리적 공간뿐만이 아니라 운영적 측면에서도 함께 고려되어야 한다. 최근 영국에서 보호주택에 사는 노인의 보살핌에 친척의 참여를 더 확대할 것을 주장한 연구가 주목을 받고 있는 바(Oldman, 2000), 계획적인 측면과 운영적 측면에서 활성화할 수 있는 방안이 연구되어야 할 것이다.

제9장 결 론

제9장 결 론

❶

사회구성주의 관점에 근거하여 외국의 노인주택 실태를 살펴보고, 고령사회를 대비한 우리나라의 주택과제를 살펴 본 지금까지 연구의 결과는 다음과 같이 요약할 수 있다.

첫째, 우리나라의 노인주택에 대한 인식은 노인주택을 노인이 거주하는 하나의 공간이라기보다는 허약하고 무언가 보호가 필요한 노인들을 특수한 시설에 수용하도록 하는 시설로 인식하는 경향이 강해 노인주택이 활성화되기 위해서는 노인주택을 주택으로 보는 시각이 무엇보다 필요하며, 이를 위해서는 노인주택 개념에 대한 사회적 합의가 필요할 것이다. 또한, 일반인들의 노인공동생활주택에의 입주의사는 긍정적으로 나타나 공급이 된다면 수요는 충분할 것으로 예상되므로 앞으로 노인공동생활주택이 개발될 경우 그 시장성이 충분할 것이다.

둘째, 노인주택의 법률은 시설이 아니라 주류주택시장에서의 공급의 다양화 맥락에서 법률이 정립되어 주택은 주택법에 규정하고 서비스는 노인복지법에서 보완적용하는 것이 바람직할 것이다. 또한, 노인공동생활주택의 건축기준과 관리감독도 법제화되어야 한다.

셋째, 노인공동생활주택은 별도의 고립된 주택이 아닌 지역사회 속에서 존재해야 하는데 이를 실현할 수 있는 방법은 서비스 전달시스템은 지역단위로 갖추는 것이다. 구체적인 방법으로는 ① 노인공동생활주택의 서비스는 2형으로 개발하되 3형까지 제공될 수 있도록 한다. ② 응급시 대처할 수 있도록 기존의 서비스인프라(병원, 보건소, 119)와 연계한다. ③ 건강악화시에 대처할 수 있도록 지역 요양원과 상호 연계망을 구축한다. ④ 시설적인 운영을 방지하기 위해 관리구역의 소규모화를 유도하도록 해야 한다. 또한, 잠재적 수요자는 노인공동생활주택의 공급주체와 관리주체로 그 성격이 민간보다는 공적인 성격을 지닌 주체를 선호하는 것으로 나타나 노인공동생활주택이 활성화되기 위해서는 소비자들이 안전하게 믿을 수 있는 주체가 참여하는 것이 중요할 것이다.

넷째, 노인공동생활주택의 특징으로 주택 요소, 주거환경 요소, 인적 요소는 모두 중요한 것으로 분석되었다. 주택규모는 대규모 보다는 소규모로, 주택유형은 아파트보다는 연립주택이나 단독주택에 대한 요구가 많은 것으로 나타났다. 개별주호규모는 16-20평 정도에 대한 선호가 가장 많았으며, 10평 미만의 작은 주택은 원하지 않는 것으로 분석되었다. 주택의 평면구성은 2침실이나 1침실이 수요가 많은 것으로 나타났다. 또한, 물리적 특성은 소득에 따라 집단 간 큰 차이가 없는 것으로 나타났다. 노인공동생활주택 서비스 필요도는 높은 것으로 나타났으며, 수요자의 특성에 따라 서비스필요도에 차이를 보여 관리서비스 차별화 전략이 모색되어야 할 것이다. 본 연구에서는 서비스를 기본서비스, 선택서비스, 지원서비스로 구분하였다. 또한 유료서비스와 무료서비스의 기준을 마련하였으며 저소득층이 유료서비스를 이용할 수 있는 지원제도의 필요성을 강조하고자 한다.

다섯째, 수요자는 관리인의 인성과 전문성을 중요하게 생각하는 것으로 나타나 노인공동생활주택 관리인은 인성과 전문성을 습득할 수 있도록 양성되어야 할 것이다. 노인공동생활주택 관리인은 단지관리인과 전문관리자로 구분하는 것이 바람직할 것이다. 노인공동생활주택에서의 자녀와의 연계방안에서는 자신의 집에서 머물다 가는 것을 원하는 것으로 나타나 이러한 요구를 수용할 수 있는 구체적인 공간계획과 관리운영방안이 모색되어야 할 것이다.

〈그림 Ⅸ-1〉 사회구성주의 관점에 근거한 고령사회의 노인주거복지 과제

구조적	〈노인주택 개념〉
개념 정립	• 일반인들이 노인주택을 올바르게 인식하도록 교육과 홍보 필요 • 전문가들의 올바른 노인주택 개념 정립을 위한 논의 및 합의 필요 • 노인주택 : 노인거주＋완결형 개인주택＋서비스 • 노인주거문제 해결을 위한 정부의 노력 필요
수요 집단	• 노인공동생활주택의 입주의사는 긍정적으로 나타나 수요가 충분할 것으로 예측 • 자녀가 없는 집단과 소득이 낮은 집단이 노인공동생활주택의 우선공급대상

〈공급과제〉　　　　　　　　　〈관리과제〉

제도적		
법률 정립	주택법과 노인복지법의 특성에 따라 양법에서 보완 규정 　　　　　개념 ➡ 설치(건축) ➡ 공급 ➡ 관리 주택법　　　●　　　　●　　　　　●　　　● 노인복지법　　●　　　　　　　　　　　　　　●	
제도	〈건축기준〉 • 건축법·주택건설기준에 노인주택건축기준 추가 규정 • 공용공간과 개별공간의 기준 규정 • 건축기준 제정시 생애주택 설계기준 적용 • 양질의 건축기준 준수 유도: 용적률 인센티브, 공용부분 조세감면, 추가시설·설비에 대한 지원금 제도 마련	〈관리감독〉 • 관리감독의 제도화 (건설교통부, 보건복지부 감독) • 필수 관리감독지침 개발 (유지관리, 운영관리) • 옴브즈만 제도 도입 • 주택평가시스템 구축

조직적		
관련 조직	〈공급주체〉 • 다양한 공급주체 참여 유도 • 소비자 신뢰할 수 있는 장치 마련 • 가족상황과 지역별 공급주체 참여방식 다르게 접근	〈관리주체〉 • 관리주체 참여 유도 • 지자체 관리운영에 참여 필요 〈지역사회연계〉 • 다양한 지역사회연계 운영방안 개발 〈서비스 전달체계〉 • 2형개발＋3형까지 서비스 제공 • 지역단위 자치적 관리시스템 구축(병원·보건소·119연결된 응급대처시스템, 요양원과 연계망 구축, 관리구역 소규모화 유도

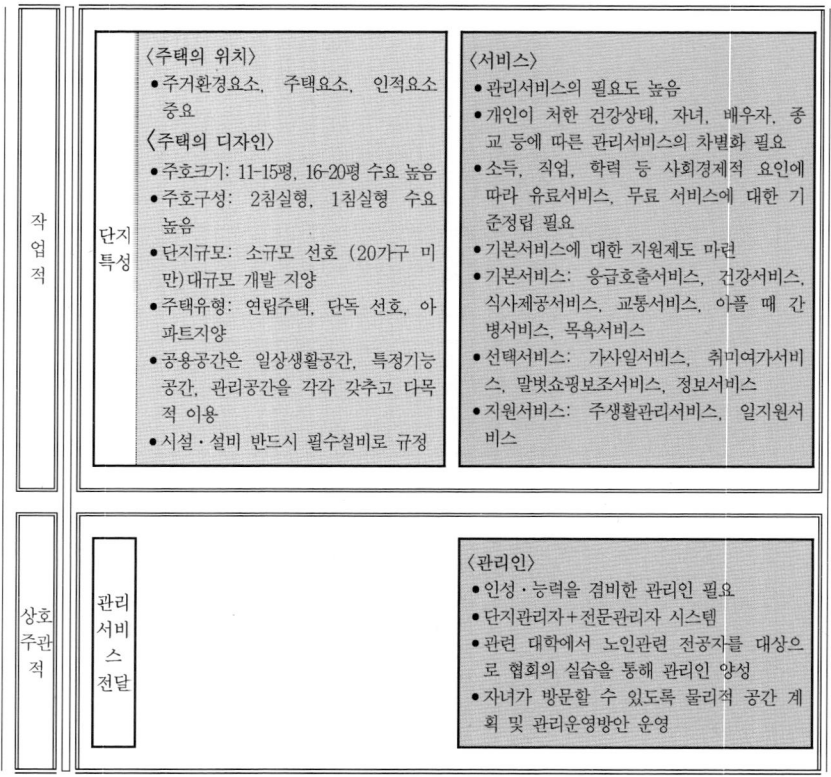

작업적	단지특성	〈주택의 위치〉 ●주거환경요소, 주택요소, 인적요소 중요 〈주택의 디자인〉 ●주호크기: 11-15평, 16-20평 수요 높음 ●주호구성: 2침실형, 1침실형 수요 높음 ●단지규모: 소규모 선호 (20가구 미만)대규모 개발 지양 ●주택유형: 연립주택, 단독 선호, 아파트지양 ●공용공간은 일상생활공간, 특정기능공간, 관리공간을 각각 갖추고 다목적 이용 ●시설·설비 반드시 필수설비로 규정	〈서비스〉 ●관리서비스의 필요도 높음 ●개인이 처한 건강상태, 자녀, 배우자, 종교 등에 따른 관리서비스의 차별화 필요 ●소득, 직업, 학력 등 사회경제적 요인에 따라 유료서비스, 무료 서비스에 대한 기준정립 필요 ●기본서비스에 대한 지원제도 마련 ●기본서비스: 응급호출서비스, 건강서비스, 식사제공서비스, 교통서비스, 아플 때 간병서비스, 목욕서비스 ●선택서비스: 가사일서비스, 취미여가서비스, 말벗쇼핑보조서비스, 정보서비스 ●지원서비스: 주생활관리서비스, 일지원서비스
상호주관적	관리서비스전달		〈관리인〉 ●인성·능력을 겸비한 관리인 필요 ●단지관리자＋전문관리자 시스템 ●관련 대학에서 노인관련 전공자를 대상으로 협회의 실습을 통해 관리인 양성 ●자녀가 방문할 수 있도록 물리적 공간 계획 및 관리운영방안 운영

❷

노인주택정책은 사회의 거시적 측면과 미시적 측면을 동시에 통찰하여 통합적 관점에서 모색될 필요가 있다. 고령사회의 주택과제는 다음과 같이 정리할 수 있다. 첫째, 우리 사회 전반의 노인주택에 대한 인식은 초보단계로 노인주택의 개념을 사회 전반적으로 인식시키기 위한 노력은 더 이상 미룰 수 없는 과제로 보인다. 이를 위해 전문가의 합의된 논의와 함께 일반인들의 노인주택에 대한 교육이 필요하다. 노인주택 개념 정립은 보편주의(universalism), 정상화

(normalization) 원칙에서 접근되어야 시설보호의 정책을 선회하고 있는 선진국의 전철을 밟지 않을 것이다. 또한, 노인공동생활주택에의 입주의사가 수요자의 가족상황과 경제적 특성에 따라 큰 차이를 보이므로 공급 계획, 건설, 관리 단계마다 수요자 조사가 주기적으로 이루어져야 할 것이다. 고령사회에 대비한 수요 예측을 정부차원에서 전국적, 지역별로 해야 할 것이다. 수요자 조사는 개인적, 가족, 경제적, 주거 특성 등의 기초 조사를 모두 포함하여 노인공동생활주택 공급의 우선대상을 선정하고, 그들의 구체적인 주거요구를 파악해야 할 것이다.

둘째, 현재와 같은 획일적·이분법적인 노인주거복지지설에 대한 법률은 지양하고 노인공동생활주택은 주택법과 노인복지법에서 주택으로서 건축기준과 관리감독이 법제화되는 것이 바람직할 것이다. 노인공동생활주택의 건축기준은 기준 제정과 함께 규제기준과 이를 유도하는 지원책이 함께 마련되어야 할 것이다. 이를 위해서는 우리나라 노인의 신체와 생활행위 등을 면밀히 조사하여 노인의 생활에 안전하고 편리한 주택설계기준을 법제화해야 할 것이다. 또한, 공용면적 부분에 대한 용적률 인센티브나 조세감면 등의 행정적인 지원과 함께 장기저리융자, 설치보조금을 지급하여 양질의 노인공동생활주택이 건축되도록 유도해야 할 것이다.

관리감독에 있어 현재는 시설현황에 대한 일반적인 사항만을 보건복지부에 보고하도록 규정하고 있으며(노인복지법 제42조, 노인복지법시행규칙 별지서식 제21의 4), 이를 어길 경우 시설의 폐지 및 정지를 명할 수 있도록 되어 있다(노인복지법 제43조). 하지만, 노인인구의 확대로 인해 다양한 노인주택 개발업체 및 관리업체가 진출할 수밖에 없으므로 이에 대한 제도적인 장치가 반드시 마련되어야 한다. 구체적으로, 세분화된 관리메뉴얼의 개발, 관리메뉴얼에 따른 운영여부에 대한 지속적인 감독(예, 자격갱신제도) 등의 제도 혹은 시장 내에서 정화할 수 있도록 하는 민간협회 내지 민간감독기구를 마련하여 (예, 일본의 시니어주택 인증) 노인공동생활주택이 민간차원에서 감독될 수 있도록 하는 것도 방안이 될 것이다. 관리감독과 함께 일반인이나 거주자들의 불편사항이나 불합리한 것들을 고발할 수 있는 옴브즈만 제도의 도입도 적극 고려되어야 할 것이다.

셋째, 일률적인 노인공동생활주택의 공급과 관리보다는 노인의 실생활과 밀접하게 연관된 주거환경을 중심으로 다각적인 공급 및 관리주체가 노인주택시장에 참여할 가능성을 열어두고 질적 측면에서 통제 가능한 시스템을 마련해야 할 것이다. 또한, 본 연구에서 제안한 노인공동생활주택의 서비스 전달시스템은 지역사회 속에 자리하는 주택으로서 소규모라도 지역의 모든 서비스를 이용할 수 있는 시스템 연계 모델로 이를 위해서는 기존의 서비스 인프라의 연계망을 위한 긴간과 관의 협력체계 구축이 무엇보다 중요하다.

넷째, 노인공동생활주택의 물리적 특성에 대한 선호는 소득에 따라 수요자 집단 간 큰 차이가 없으므로 저소득층에게도 일정수준의 주택을 공급하고 이를 지원하는 지도적인 전략이 필요할 것이다. 서비스는 모든 서비스가 전달될 수 있는 시스팀이 마련되고 기본서비스, 선택서비스, 지원서비스로 구분하며, 무료서비스와 유료서비스에 따른 서비스 기준과 비용부담에 대한 기준을 정립할 필요가 있다. 경제적 능력에 따라 서비스를 선택할 수 있도록 서비스 체계를 다양화하고 자력으로 이용할 수 없는 집단에게는 기본서비스와 지원서비스가 전달될 수 있도록 구체적인 방안이 마련되어야 할 것이다.

다섯째, 긴성과 전문성을 고루 갖춘 전문관리자 양성과 현장관리인 양성과정이 체계적으로 수립되어야 할 것이다. 대학의 노인관련 전공자를 양성하여 전문적인 지식을 습득할 수 있도록 하고 실제 노인공동생활주택에서의 실습을 통해 현장에서의 경험과 자질을 검증할 수 있는 시스템이 되어야 하며, 현장관리인도 필수능력을 검증하는 시스템이 마련되어야 할 것이다. 노인공동생활주택에서 자녀와의 연계방안은 서구와는 다른 방법이 모색되어야 할 것으로 보인다. 온돌방에서 좌식 혹은 입식으로 생활하는 우리의 거주양식에 맞게 자녀의 운영지원, 참여, 방문을 처음부터 고려하여 세심한 운영관리전략이 모색되어야 할 것이다.

❸

　정상화, 제3연령기, 노후 등 노인의 적극적인 선택(positive choice)을 목
표로 한 개념들은 독립적 삶(independent living)을 유지하는 것이 사회적
부담을 줄이고, 노후에도 어느 정도 생산적인 생활이 가능하다는 패러다임에서
탄생된 것이다. "부모 부양"의 미덕 속에 우리나라 노인주택정책은 정책의 대상
이 되지 못했으며, 그나마 일부 정책도 노인들의 다양한 요구를 수용하지 못하
고 있다. 80년대부터 이들의 요구는 "실버타운"이라는 말로 멋지게 포장되어
우리사회에 수용되는 듯 하였으나, 상업주의와 자본주의의 논리 속에 탄생된
이들 실버타운은 대중화되기 어려운 양상으로 변질되고 있다. 따라서 노인주택
은 노후의 대중적 거주공간마련이라는 철학적 논의 속에 전개되어야 하며, 변
화하는 시대상황 속에서 노후의 거주할만한 주거환경 구축을 목표로 전개되어
야 할 것이다.

참고문헌

고철·천현숙·박능후·이태진·최현수·노언정(2002). **주거정책과 복지정책의 연계 방안.** 경기: 국토연구원

김만재(1999). 노인주택에서의 인지공간 적용방안에 관한 연구-영국의 주택정책 사례를 중심으로. **주택연구, 7(1),** 95-113.

김미령(2004). 미국 여성 노인의 우울증에 영향을 미치는 요인-배우자유무에 따른 비고를 중심으로. **한국노년학, 24(4).** 147-164.

김민형(2002). **유료노인주거시설 시장 전망과 진입 전략.** 한국건설산업연구원 연구보고서 2002-09.

김수영(1997). 영국 노인보호주택에 관한 고찰. **사회복지연구, 7(1).** 25-52.

김영주(2003). 노인보호시설주거 거주자들의 주거만족도에 관한 사례 연구-미국 버지니아 주를 중심으로. **한국주거학회논문집, 14(4),** 139-148.

김용택(2001). 일본의 노인주택정책과 관련법. (사)한국노인문제연구소. **주요선진국으 노인주택정책(pp.149-210).** 서울: (사)한국노인문제연구소.

김웅기(1994). **도시아파트 거주 노인의 주거환경실태와 만족도에 관한 연구.** 중앙대학교 대학원 석사학위논문.

김진욱·이현기(1998). **실버산업의 활성화 방안 연구.** 경기: 경기개발연구원.

김태일(1995). 유료노인복지주거시설의 계획조건에 관한 연구-서울 거주 노인계층의 성향분석. **대한건축학회논문집, 11(10),** 19-27.

김혜승(2004). **주거비지불능력 개념에 기초한 주거비보조에 관한 연구.** 경희대학교 대학원 박사학위논문.

박근형·양우현(1996). 노인을 위한 도시 공동주택의 계획방향에 관한 연구. **대한건축학회논문집, 12(1),** 13-21.

박신영·김주진·최은희(1999). **노인주택 공급제도 개선 및 주공의 참여방안.** 경기: 대한주택공사 주택연구소.

박신영·최은희(2004). **실비노인복지주택의 공급제도 개선방안**. 경기: 대한주택공사 주택연구소.

박영옥(2001). **중·장년층의 유료노인복지시설 입주의식 및 선호도에 관한 연구**. 동덕여자대학교 여성개발대학원 석사학위논문.

박재간(1997). 미국 노인의 주거시설의 현황과 과제. 박재간 편. **각국의 고령자 주택정책(23-64)**. 서울: (사)한국노인문제연구소.

박재간(2002). **노인전용주거시설의 개발전략**. 서울: 아시아미디어리서치.

박태환(1990). **지역사회통합형 노인계획주거의 모형 개발에 관한 연구**. 부산대학교 대학원 박사학위논문.

박희진·양세화·오찬옥(2003). 노인시설의 단위주거에 대한 요구분석. **한국실내디자인학회논문집, 36호**, 44-51.

변재관·이선우(1999). **유료노인시설 융자사업 평가**. 서울: 한국보건사회연구원.

변재관·전영섭·이철희·최현수·고연분(2002). **고령화 사회에 대비한 재정정책 방향 – 사회보장과 성장지속가능성의 균형**. 서울: 한국보건사회연구원.

보건복지부(2003). **노인복지시설현황**. 서울: 보건복지부.

보건복지부(2003). **2003년도 노인보건복지 국고보조사업 안내**. 서울: 보건복지부.

상형종(1996). 일본의 노인주택. **가톨릭대학교 생활과학연구소 국제학술심포지엄 자료집**, 33-47.

성규탁(1997). 영국의 고령자주택정책의 현황과 과제. 박재간 편. **각국의 고령자 주택정책(65-100)**. 사단법인 한국노인문제연구소.

성기철(2001). **한국노인주거복지시설의 활성화 방안에 대한 연구 – 유료노인시설을 중심으로**. 중앙대학교 행정대학원 석사학위논문.

성명옥(1998). 일본 노인서비스 주거의 실태 분석 – 실버하우징을 중심으로, **노인복지연구, 1(1)**, 253-276.

신광영(2003). 계급불평등과 도시공간 – 서울시 사례 연구. 서울시정개발연구원. **서울시 사회계층과 정책수요(1-17)**. 서울: 서울시정개발연구원.

안상훈(2001). 스웨덴의 노인주택정책과 관련법. 한국노인문제연구소 편. **주요선진국의 노인주택정책**. 서울: (사)한국노인문제연구소.

안소니 기든스 저, 황명주·정희대·권진현 역(1998). **사회구성론**. 서울: 자작아
카데미.

양세화·박희진·오찬옥(2003). 노인시설주거의 커뮤니티 구성에 대한 요구. **한
국주거학회논문집, 14(3)**, 67-76.

여운식(2002). 노인복지시설의 설치 및 운영에 관련된 법령·제도의 개선 방안.
노인복지연구, 2002 여름호, 271-297.

오찬옥(1993). **중년층의 선호성향을 통해 본 노인주거모델**. 연세대학교 대학원
박사학위논문.

오찬옥·이연숙(1993). 노년기의 상황설정에 따른 노인주거특성에 대한 선호. **대
한건축학회논문집, 9(2)**. 35-45.

오혜경·홍이경·박민진(2003). 미국 노인주거시설의 공간구성 특성에 대한 연구-캘
리포니아 지역을 중심으로. **한국가정관리학회지, 21(6)**, 107-115.

원영희(1993). 미국의 노인복지정책 방향. (사) 한국노인문제연구소 편. **21세기
노인복지정책 방향(49-88)**. 서울: (사)한국노인문제연구소.

유병선·전경화·홍형옥(2004). 플랭클린의 사회구성주의적 관점에서 본 한국의
노인주택 맥락. **한국가정관리학회지. 22(1)**, 103-114.

유병선·홍형옥(2000). 주거관리의 사회적 구축을 위한 연구의 접근방법과 쟁점.
주택연구, 8(1), 27-57.

유병선·홍형옥(2004). 노인공동생활주택에의 입주의사 결정요인 분석. 사단법인
한국주거학회 2004년 추계학술발표대회 구두발표. **한국주거학회 학술발표
논문집, 제15권**, 387-391.

유성호(2001). 우리나라와 미국의 노인복지법 비교 연구: 우리나라 노인복지법
개정과 관련된 추진 과제에 대한 제안. **노인복지연구, 14**, 141-163.

윤주현·강디나·송하승(2004). 고령화 사회 노인주거의 현황과 정책과제. 인구
고령화 협동연구 제1차 심포지엄, **인구구조 고령화의 경제·사회적 파급효
과와 대응과제.**

이경희·곽인숙(1998). 노인의 주거공간에서의 프라이버시 인지. **한국가정관리학
회지, 16(1)**, 27-38.

이상각(1997). 일본의 고령자주택정책의 현황과 과제. 박재간 편. **각국의 고령자 주택정책(225-276)**. 서울: (사)한국노인문제연구소.

이숙영(1998). 한국 노년층의 계획주거에 대한 요구. 연세대학교 대학원 박사학위논문.

이연숙(1993). **한국형 노인주택연구**. 서울: 경춘사

이영환(2001a). 영국의 노인주택정책과 관련법. (사)한국노인문제연구소. **주요선 진국의 노인주택정책(6-54)**. 서울: (사)한국노인문제연구소.

이영환(2001b). **영국의 복지정책**. 서울: 도서출판 나남.

이인수(1997). **노인주거와 실버산업**. 도서출판: 하우

이지숙(2004). 대전시 거주 노인이 선호하는 거주환경 특성에 관한 연구. **대한건 축학회논문집 계획계, 20(6)**, 61-68.

이학식·김영(2003). **SPSS 10.0 매뉴얼**. 서울: 법문사.

이현·진미윤(1995). **특수수요계층의 주거선호에 대응하는 주택건설 및 공급방안**. 대한주택공사 주택연구소.

장병원(2003). 고령화사회의 노인요양정책 방향. **건축, 47(6)**, 10-15.

정희수·권혁일(2004). 생애주기가 주택소비에 미치는 영향에 관한 연구. **주택연 구, 12(1)**, 5-25.

조복희(2002). **생활과학 연구방법론**. 서울: 교문사.

조소영·이창석·김경호(2001). **노인시설관리론**. 서울: 학지사.

지은영(2003). **지역사회보호를 위한 노인주거서비스 개발 방향 – 수요자와 전달자 의 견해를 중심으로**. 경희대학교 대학원 박사학위논문.

초의수(1998). 노인주거 현실과 노인주택정책. 박광준 외 편. **주택보장과 주택정 책(129-158)**. 부산: 세종출판사

최성재(2001). 미국의 노인주택정책과 관련법. (사)한국노인문제연구소 편. **주요 선진국의 노인주택정책(211-258)**. 서울: (사)한국노인문제연구소.

최성재(2002). 한국의 노인주거서비스 정책의 과거, 현재 및 미래. **고령화 사회 의 주택과 서비스 개발 방향 국제심포지엄 자료집**. 30-53.

최성재(2003). 한국의 노인주거보장 정책의 문제점과 개선방향. **건축, 47(6)**, 16-20.

최정신(2003). 제3의 연령대를 위한 고령화 사회에의 도전: 스칸디나비아의 노인
　　용 코하우징. **건축, 47(6)**, 55-63.

통계청(2001). **장래인구추이**.

통계청(2002). **한국의 사회지표**.

통계청(2003). **2002년 사회조사통계**.

한국노인문제연구소(1999). **미래사회와 노후생활**. 서울: (사)한국노인문제연구소.

정경희 외(1998). **1998년도 전국 노인생활실태 및 복지욕구조사**. 서울: 한국보건
　　사회연구원.

한국보건사회연구원(2000). **한국 가족의 변화와 대응방안**. 서울: 한국보건사회연
　　구원.

홍형옥(1996). 한국의 지역사회통합형 노인주거의 대안적 모색, **주택연구, 7(2)**,
　　75-91.

홍형옥(2001a). 노인공동생활주택에 대한 태도와 선호-한국에서의 노인생활지원
　　주택 개발 방향을 중심으로. **한국가정관리학회지, 19(5)**, 147-166.

홍형옥(2001b). 영국의 노인공동생활주택에 대한 검토. **한국가정관리학회지, 19(4)**,
　　49-68.

홍형옥(2002). 제3연령기의 공간환경연구를 위한 관점과 쟁점-사회구성주의적
　　접근을 중심으로. **한국가정관리학회지 20(6)**, 37-12.

홍형옥·유병선(2003). **주거관리론**. 서울: 교문사.

홍형옥·유병선·서은미(2003). 미국의 노인공동생활주택 지원제도 및 관리시스
　　템에 대한 연구-Franklin의 사회구성주의적 모델을 중심으로. **한국가정관
　　리학회 제34차 추계학술대회 학술대회자료집**, 119.

홍형옥·유병선·전경화(2004). 노인계획주거 대안 선택 집단에 따른 특성 비교-
　　일·여가·서비스제공수준 차이를 중심으로. **한국주거학회논문집, 15(1)**,
　　129-140.

홍형옥·이경희·최정신·김대년·조재순·권오정(2004). 미래인력연구총서 36
　　가족연구 시리즈 7, **2020년: 노후의 공간환경을 전망한다. 노후에는 어디에
　　서 살까**. 서울: 지식마당.

홍형옥·지은영(2002). 사회계층별 노인생활지원주택에 대한 태도와 선호. **한국가정관리학회지, 20(2)**, 83-95.

홍형옥·지은영(2004). 노인공동생활주택에 대한 지역별 견해 비교-서울·수도권, 부산, 광주, 대전 지역을 중심으로. **한국주거학회논문집, 15(1)**, 163-174.

황성철(1998). 서구 복지국가 노인주택정책의 특성과 동향. **주택보장과 주택정책 (161-186)**. 서울: 세종출판사

內閣俯(2003). 2003 高齡者白書.

園田眞理子(1995). 世界の 高齡者住宅

財團法人高齡者住宅財團(1998). 高齡社會の住まいと福祉データブック、風土社.

Age Concern(1998). *Older People in the United Kingdom: Some Basic Facts*. Age Concern England.

Age Concern(2004a). *Factsheet 2: Buying Retirement Housing.*

Age Concern(2004b). *Factsheet 8: Looking for Rented Housing.*

Age Concern(2004c) *Factsheet 9: Noise and Neighbour Nuisance- What You Can Do.*

Age Concern(2004d). *Factsheet 50: Housing Options.*

Allen, M.(2004). We are where we live: seniors, housing choice, and the Fair Housing Act. *Journal of the Section of Individual Rights & Responsibilities, 31(2)*, 15-19.

American Association of Retired Persons(1993). *Understanding Senior Housing: For the 1990's*. Washington, DC: AARP.

American Association of Retired Persons(1993). *Understanding Senior Housing: Into the Next Century*. Washington, DC: AARP.

Auslander, G. K. & Litwin, H.(1991). Social networks, social support, and self-ratings of health among the elderly. *Journal of Aging and Health, 3(4)*, 493-510.

Balchin, P.(1995). *Housing Policy*. Lodon: Routledge.

Burby, R.J., & Rohe, W. M.(1990). Providing for the housing needs of the elderly. *Journal of the American Planning Association, 56(3)*, 324-338.

Butler, A.(1986). Housing and elderly in Europe. *Social Policy and administration, 20(2)*, 136-152.

Butler, A , Oldman, C. & Greve, J.(1983). *Sheltered Housing for the Elderly: Policy, practice and the consumer*. London: Allen & Unwin.

Butterfield, D., & Weidemann, S.(1987). Housing satisfaction of the elderly. In V. Regnier and J. Pynoos(Eds), *Housing and Aged: Design directives and policy considerations(pp. 133-152)*. New York: Elsevier.

Campbell, A., Converse, P. G., & Rodgers, W.(1976). *The Quality of American Life*. New York: Russell Sage Foundation.

Carmon, N.(1997). Post-occupancy evaluation of a life-care community for the aged in Israel. *Journal of Housing for the Elderly, 12(1/2)*, 63-81.

Chavis, D. & Wandersman, A.(1990). Sense of community in the urban environment: a catalyst for participation and community development. *American Journal of Community Psychology, 18*, 55-79.

Cho, D., & Ma, S. R.(2004). Economics feasible of Reverse Mortgage annuity for the elderly housing welfare. *Housing Studies Review, 12(1)*, 175-199.

Clapham, D. & Munro, M.(1988). *A Comparision of Sheltered Housing and Amenity Housing for Older People*. Edinburgh: Scottish Office.

Crimmins, E.(1990). Interaction and living arrangement of older parents and their children, *Research on Aging, 2(1)*, 3-25.

Davidson, S., Brooke, E., & Kendig, H.(2001). Age-segregated housing and friendship interaction for older people. *Journal of Housing for the Elderly, 14(1/2)*, 123-135.

Devlin, A. S.(1980). Housing for the elderly: cognitive considerations. *Environment and Behavior, 12*, 4511-466.

Eckert, J. K., & Murrey, M. I.(1984). Alternative Modes of Living for the Elderly. In I. Altman, M, P, Lawton. & J. E. Wohlwill(Eds). *Elderly People and the Environment(pp. 95-128)*. New York and London: Plenum Press.

Field, E. M., Walker, M. H., & Orrell, M. W.(2002), Social networks and health of older people living in sheltered housing. *Aging & Mental Health, 6(4)*, 372-386.

Frank, J. B.(2002). *The Paradox of Aging in Place in Assisted Living*. Westport, Connecticut · London: Bergin & Garvey.

Franklin, B. J.(1998), Constructing a service: context and discourse in housing management, *Housing Studies, 13(2)*, 201-216.

Free, M. M.(1995). *The Private World of the Hermitage: Lifestyles of the Rich and the Old in an Elite Retirement Home*. Westport, Connecticut · London: Bergin & Garvey.

Golant, S. M.(1998). Changing an older person's shelter and care setting: A model to explain personal and environmental outcomes. In R. J. Schedit and P.G. Windley(Eds.) *Environmental and Aging Theory: A Focus on Housing(pp. 33-60)*. Westport, CT: Greenwood Press.

Gordon, P. A.(2001). *Seniors' Housing and Care Facilities: Development, business, and operations(3rd ed)*. Washington DC: Urban

Land Institute.

Greca, A., Streib, G. & Folts, W.(1985). Retirement Comminities and Their Life Stages. *American Journal of Gerontology, 40(2),* 211-218.

Groves, M. A. & Wilson, V. F.(1992). To move or not to move? Factors influencing the choice of elderly persons. *Journal of Housing for the Elderly, 10(1),* 33-45.

Harrison, R., Savla, N. & Kafetz, K.(1990). Dementia, depression, and physical disability in a London Borough: a survey of elderly people in and out of residential care and implications for future developments. *Age and Aging, 19,* 97-103.

Hawes, C, Phillips, C. D., Rose, M., Holan, C., & Sherman, M.(2003). A national survey of assisted living facilities. *Gerontologist, 43(6),* 875-882.

Heumann L., & Boldy, D.(1982). *Housing for the Elderly.* London: Croom Helm.

Heywood, F., Oldman, C. & Means, R.(2002). *Housing and Home in Later Life.* Buckingham · Philadelphia: Open University Press.

Higgins, J.(1989). Defining community care: realities and myths. *Social Policy and Administration, 23(2),* 3-16.

Hong, H. O., & You, B. S.(2003a). Comparison of Three Countries about Congregate housing for Older People-with focus to Sweden, U. K. and Korea. *The Stockholm Symposium on the Nordic Studies? What is Nordic Model? August 15-16, 2003,* Hosted by Sodertorn University College, Center for Pacific Asia Studies (CPAS), Stockholm University, Proceeding, 48-68.

Hong, H. O., & You, B. S.(2003b). Developing Orientation of Senior Congregate Housing in Korea-Focused on the opinion of middle aged group in their 50s. *Architectural Research, Journal of the Architectural institute of Korea, 5(1)*, 49-59.

Hong, H. O., & You, B. S.(2003c). A Study on the Characteristics of Groups Selecting Different Elderly Planned Housing Alternatives-With Various Levels of Work Opportunities, Leisure Activities and Services-. *International Conference on "Quality of Urban Life: Policy Versus Practice" DECEMBER 3-5, 2003,* Hosted by Istanbul Technical University Urban and Environmental Planning and Research Center ISTANBUL-TURKEY, Proceeding, 515-525.

Hong, H. O., & You, B. S.(2003d). Preferences on Senior Congregate Housing in Korea-According to Socio-Economic Status-. *International Conference on "Quality of Urban Life: Policy Versus Practice" DECEMBER 3-5, 2003,* Hosted by Istanbul Technical University Urban and Environmental Planning and Research Center ISTANBUL-TURKEY, Proceeding, 536-547.

Huttman(1985). *Services for the Elderly.* New York: The Free Press.

Imamoglu, C.(2002). Toward an understanding of place schemes : Societal and individual-level representations of assisted living. The University of Wisconsin, Ph. D Dissertation.

Jirvec, R. L., Jirovec, M. M., & Bosse, R.(1985). Residential satisfaction as a function of micro and macro-environmental conditions among elderly men. *Researching on Aging, 7,* 211-277.

Johnson, M. K., Lovingood, R. P., & Goss, R. C.(1993). Satisfaction of elderly residential in subsidized housing: The effect of the manager's leadership style. *Housing and Society, 20(2),* 50-60.

Kahn, A. J. & Kamerman, S. B.(1976). *Social Services in International Perspectives.* DHEW.

Kaye, L. & Monk, A.(1991). Social relations in enriched housing for the aged: a case study. *Journal of Housing for the Elderly, 9.* 1_1-126.

Lams, D. R., Marion, M., Longstreth, M., Meredith, K., & Gross, P(1990). Environment quality: a factor in the selection of retirement community. *Housing and Society, 17(2),* 13-16.

Lawton, M. P. (1980a). *Environment and Aging(2nd ed).* Albany, NY: Center for the Study of Aging.

Lawton, M. P.(1980b). Housing the elderly: Residential quality and residential satisfaction. *Research on Aging, 2(3),* 309-328.

Lawton, M. P.(2001). The physical environment of the person with Alzheimer's disease. *Aging & Mental Health, 5(Supplement 1),* 56-64.

Lawton, M. P., Nahemow, L., & Yeh, T.(1980). Neighborhood environment and the well-being of older tenants in planned housing. *International Journal of Aging and Human Development, 11,* 211-227.

Lee, G. R.(1985). Kinship and social support of the elderly: the case of the United States. *Aging and Society, 5,* 89-93.

Lemke, S., & Moos, R. H.(1986). Quality of residential settings for elderly adults. *Journal of Gerontology, 16,* 134-43.

Levin, C. A.(2001). Resident and family perspective on assisted living. University of Minnesota, Ph.D Dissertation.

Mackintosh, S., Means, R. and Leather, P.(1990). *Housing for Later Life. SAUS Study.* Great Britain: School for Advanced Urban Studies.

McCarthy, C., & Saegert, S.(1978). Residential density, social overload, and social withdrawal. *Human Ecology, 14,* 6-23.

Means, R.(1990). Community care, housing and older people: continuity or change. *Housing Studies, 6(4)*, 273-284.

Means, R. and Smith, R.(1998). *Community Care, Policy and Practice*. London: Macmillan Press. Ltd.

Moen, P., & Erickson, M. A.(2001). Decision-making and satisfaction with a continuing care retirement community. *Journal of Housing for the Elderly, 14(1/2)*, 53-69.

Moos, R. H., & Lemke, S.,(1980). Assessing the physical and architectural features of sheltered care setting. *Journal of Gerontology, 35*, 571-583.

Moos, R. H., & Lemke, S.(1984). Supportive residential settings for older people. In I. Altman, M, P, Lawton. & J. E. Wohlwill(Eds). *Elderly People and the Environment(pp.159-190)*. New York: Plenum.

Moos, R. H., & Lemke, S.(1996). *Evaluating Residential Facilities: The multiphase environment assessment procedure*. Thousand Oaks CA: Sage.

Nasar, J. L., & Farokhpay, M.(1985). Assessment of activity priorities and design preferences of elderly residents in public housing: a case study. *The Gerontologist, 25.* 251-257.

OECD(2004). Ageing, Housing and Urban Development.

Oldman(1990). *Moving in Old Age: new directions in housing policies*. London: HMSO.

Oldman., C.(2000). Blurring the Boundaries: A fresh look at housing and care provision for older people. Brighton: Pavillion Publishing.

Parr, J., Greed, S., & Behncke, C.(1988). What people want, why they move, and What happens after they move: A summary of research in retirement housing. *Journal of housing for the Elderly, 5(1),* 7-33.

Paulsson(1996). New conceps and design of housing for the frail elderly in Sweden. *가톨릭대학교 생활과학연구소 국제학술 심포지엄 자료집,* 7-21.

Percival, John(2002). Domestic spaces: uses and meaning in the daily lives of older people. *Ageing & Society, 22,* 729-749.

Prince, M.. J., Harwood, R. H., Thomas, A. & Mann, A. H.(1997). Social support deficits, loneliness and life events as risk factors for depression in old age. The Gospel Oak Project Ⅵ. *Psychological Medicine, 27,* 323-332.

Pynoos, J. & Gegnier, V.(1993). *Housing the Aged.* London: Elsevier Press.

Randolph Hills Nursing Center(1995). *Annual Reports on the Management, Series 2.* Wheaton, MD: Randolph Hills Nursing Center.

Regnier, V. A.(1994). *Assisted Living Housing for the Elderly: Design Innovations from the United States and Europe.* New York: Van Nostrand Reinhold.

Reynolds, S. G. & Beamish, J. O.(2003). Residential satisfaction of older adults in age-segregated facilities, *Housing and Society, 30(1),* 33-50.

Riseborough, M. & Ninner, P.(1994). *I didn't know you cared: a survey of Anchor's sheltered housing tenants.* Oxford: Anchor Housing Trust.

Robinson, J. W., Thompson, T., Emmons, P., & Graff, M.(1984). *Towards an Architectural Definition of Normalization: Design Principles for Housing Severely and Profoundly Mentally Retarded Adults.* Minneapolis: University of Minnesota, Department of Psychoeducational Studies.

Schless, D. S., & Preeds, K.(2001). Seniors housing: 2001 review. *Units, 25,* 33-35.

Sherman, S. R.(1971). The choice of retirement housing among the well elderly. *Aging and Human Development, 2,* 118-138.

Sikorska, E.(1999). Organizational determinants of resident satisfaction with assisted living. *Gerontologist, 39(4),* 450-456.

Smith, G. C., & Gauthier, J. J.(1995). Evaluation and utilization of local service environments by residents of low-rent senior citizen apartments. *Canadian Journal of Urban Research, 4(2),* 305-323.

Smith, G. C., Sylvestre, G. N. & Ramsay, H. A.,(2001). Local social and service environments of an urban housing market for seniors. *Housing and Society, 29(1),* 23-43.

State of California, Health and Human Services Agency Department of Social Services(1998). *Residential Care Facilities for the Elderly Elderly: Manual of Policies and Procedures Community Care Licensing Division.*

Streib, G. F., Folts, W. E., & Lagreca, A. J.(1985). Autonomy, power, and decision-making in thirty-six retirement communities. *The Gerontologist, 25,* 405-409.

Timko, C., & Moos, R.(1990). Determinants of interpersonal support and self-direction in group residential facilities. *Journal of Gerontology, 45,* 184-192.

Tinker, A.(1989). *An Evaluation of Very Sheltered Housing.* Lodon: HMSO.

Tinker, A.(1997). *Older People in Modern Society(4th ed).* London: Longman.

Victor, C R.(1987). *Old Age in Modern Society*. Lodon: Croom Helm.

Walker, M., Orrell, M., Manela, M., Livingston, G., & Katona, C.(1998). Do health and use of services differ in residents of sheltered accomodation? a pilot study. *International Journal of Geriatic Psychiatry, 13(9)*. 617-624.

Watson, L. & Conway, T.(1995). *Homes for Independent Living: Housing & Community Care Strategies*. Conventry: Chartered Institute of Housing.

Watson, P. E., Catty, E. J., Oyebode, J. R. & Fairburn, A. F.(1990). The characteristics of female residents living alone in sheltered housing accommodation compared with those living in the community. *Care of the Elderly, 2(5)*, 207-209.

Wenger, G. C.(1991). A network typology: from theory to practice. Journal of Aging Studies, 5, 147-162.

Wenger, G. C.(1997). Social networks and the prediction of elderly people at risk. Aging and Mental Health, 1(4), 311-320.

Williams, G.(1986). *Meeting the housing needs of the elderly: private initiative or public responsibility?* Department of Town & Country Planning Occasional Paper No. 17. Manchester: University of Manchester.

Wilson, K. B.(1990). Assisted living: The merger of housing and long term care services. *Long Term Care Advances, 1*.

Wirz, H. (1982). *Shelter housing in Scotland-a research report*. Edinburgh: Scottish Office.

You, B. S, & Hong, H. O.,(2004). A comparison between dependent and independent groups regarding elderly lives and living arrangement. *Korean International Family Strengths*

Conference on "Building Family Strengths: individual, Social, and national Development" Proceedings, 149.

Zaff, J. & Delvin, A. S.(1998). Sense of community in housing for the elderly. *Journal of Community Psychology, 26(4),* 381-398.

Zeisel, J.(2002). The story of housing old people in north America. *International Symposium, May 7, 2002 "Direction of Housing & Service Development in Aging Society",* 54-59.

〈인터넷 싸이트〉

http://www.anchorhousing.org.uk

http://www.census.gov

http://www.helpguide.org

http://www.hud.gov

http://www.jrf.org.uk.

http://www.kobe-wa.or.jp

http://www.mhlw.go.jp

http://www.mlit.go.jp

http://www.nso.go.kr

http://www.seniorhousing.org

http://www.shn.org.uk

http://www.tjaaa.org

http://www.waverly.gov.uk

http://www2.stockholm.se

http://www8.cao.go.jp

http://www8.cao.go.jp

http://www.koujuuzai.or.jp

http://www.hhs.gov.

http://www.metro.seoul.kr

http://www.moct.go.kr/
http://www.mohw.go.kr
http://www.moleg.go.kr
http://www.seoul.go.kr/
http://www.state.me.us
http://www4.law.cornell.edu
http://www.aarp.org
http://www.aahsa.org

〈법 률〉

건축법
국토의 이용 및 관리에 관한 법률
노인복지법
노인복지법시행규칙
노인복지법시행령
도시계획시설의 결정·구조 및 설치기준에 관한 규칙
사회복지사업법
조세특례제한법
주택건설기준
주택법
주택법시행규칙
주택법시행령
지방세법

〈신 문〉

파이낸션 뉴스. 2004. 10. 12

저 자 약 력

유병선(兪炳先)

학 력:
경희대학교 문학사 (주거학 전공)
경희대학교 대학원 이학석사 (주거학 전공)
경희대학교 대학원 이학박사 (주거학 전공)

경 력:
경희대, 건국대, 중앙대, 충북대, 울산대, 우석대 출강
경희대학교 주택상담정보센터 연구원
경제정의실천연합회 도시개혁센터 주거안정분과 정책위원
경희대학교 BK21박사후연구원
경기개발연구원 비상근책임연구위원
(사)대한가정학회 산하 가정학실천특별위원회 사무국장
한국가정관리학회 간사

연구논문:
(박사학위논문) 노인공동생활주택 공급 및 관리모델 개발 방향에 관한 연구
(석사학위논문) 도시가구의 주택자금구조 유형화에 관한 연구
주거관리의 사회적 구축을 위한 연구의 접근방법과 쟁점. 주택연구
주택관리소장의 근무의욕과 직업만족도에 미치는 영향. 주택연구
주택임대차계약서 서식 개선방향에 관한 연구. 부동산학연구
노인공동생활주택에의 입주의사 결정요인 분석. 한국주거학회지
노인공동생활주택 법률정립 방향에 관한 연구. 국토연구 외 다수

저 서:
주거관리론. 교문사. 공저
신개념 주거공간: 노후용 공동생활주택. 경희대학교 출판부. 공저
주거의 의미와 사용. 경희대학교 출판부. 공저
생활과 공간예술. 교문사. 공저

고령사회의 노인주거복지과제

- 초판 인쇄   2006년 10월 30일
- 초판 발행   2006년 10월 30일

- 지 은 이   유병선
- 펴 낸 이   채종준
- 펴 낸 곳   한국학술정보㈜
              경기도 파주시 교하읍 문발리 526-2
              파주출판문화정보산업단지
              전화 031) 908-3181(대표) · 팩스 031) 908-3189
              홈페이지 http://www.kstudy.com
              e-mail(출판사업팀사업부) publish@kstudy.com
- 등   록   제일산-115호(2000. 6. 19)
- 가   격   21,000원

ISBN   89-534-5842-0 93330 (Paper Book)
          89-534-5843-9 98330 (e-Book)